이야기대화식 책별 성경연구 » 신약

S E R I E S

이대희 지음 ｜ 바이블미션 편

사도행전 3

(사도행전 19~28장)

KB206265

엔크리스토
ENCHRISTO

그리스도인이라면 누구나 한 가지 소망이 있습니다. 그것은 성경 66권을 공부하는 일입니다. 이 일이 쉽지는 않지만 누구나 한 번쯤 도전하고 싶을 것입니다.

성경을 공부하는 방법으로는 보통 주제별, 제목별, 개관별 등의 방법이 있지만, 성경공부의 진수를 맛보려면 책별 성경공부 이상 좋은 것이 없습니다. 새롭게 편성하여 주제를 맞추어 공부하는 것보다는 성경 자체를 가감 없이 공부하는 것이 더욱 필요합니다.

이런 의도에서 필자는 엔크리스토 성경대학을 통하여 수강생들과 같이 수년 동안 책별로 매년 한 권씩 연구해 나가고 있습니다. '이야기대화식 책별 성경연구 시리즈'는 그동안 성경대학에서 워크숍을 통해 함께 연구한 것을 토대로 다시 정리하고 펴낸 시리즈입니다. 탁상에서 집필한 것을 현장에서 사용함으로써 피드백을 거친 정통한 시리즈입니다. 어려운 작업이지만, 성경 66권 모두를 연구하고 펴낼 수 있기를 기도합니다.

성경을 공부하는 것은 영적 성장에 있어서 대단히 중요한 일입니다. 설교를 듣는 것으로는 영적 성장에 한계가 있습니다. 신앙의 홀로서기를 위해서는 개인적인 성경연구와 소그룹을 통한 성경공부가 필수입니다. 어느 한쪽으로 치우치지 않고 균형잡힌 신앙, 즉 하나님이 원하시는 온전한 신앙으로 자라기 위해서는 성경 자체를 공부해야 합니다.

그동안 한국 교회에서는 주로 강해설교를 통해 성경공부를 했습니다. 그러나 이제는 한 걸음 더 나아가 성도들이 그룹으로 성경 본문 자체를 연구하면서 스스로 성경을 보는 눈을 키워야 합니다. 이를 위해선 누구나 여행하는 마음으로 성경 속으로 들어가 공부할 수 있는 책별 성경공부가 필요하다는 생각이 들었습니다. 그래서 한국 상황에 맞는 이 시리즈가 탄생하게 되었습니다.

성경을 점점 더 멀리하는 이 시대이지만 주님께서는 성경을 통해 믿음이 다음 세대까지 전수되고 말씀을 통해 주님의 제자가 세워지기를 간절히 원하십니다. 저 또한 이야기대화식 성경연구 시리즈가 말씀을 회복하는 일에 쓰이기를 원합니다. 본 교재를 통해 성경의 참맛을 느끼고 말씀의 재미를 경험한다면 이보다 더 의미 있는 일은 없을 것입니다.

그동안 많은 분들이 이야기대화식 성경연구 방법을 현장에 적용하면서 성경을 보는 눈이 열리고 말씀을 재미있게 보게 되었다고 고백하고 있습니다. 이 교재를 사용하는 분들에게도 같은 은혜가 있기를 기도합니다. 말씀을 나누는 각 교회 현장에서 성경이 살아나고 영혼이 살아나며 교회와 가정과 이웃과 민족이 생기를 얻는다면 이보다 더 좋은 일은 없을 것입니다.

말씀을 통한 새 역사를 꿈꿉니다. 또 말씀이 동력이 되어 교회와 개인의 신앙이 성장하기를 소원합니다. 우리의 모든 삶은 세상적인 경험이나 사조, 유행이 아닌 말씀에서 나와야 합니다. 모든 것의 근원인 말씀에서 삶과 프로그램이 나온다면 그것이야말로 말씀의 성육신을 이루는 삶이라 할 수 있습니다. 이야기대화식 책별 성경연구 시리즈가 말씀의 생활화를 이루는 초석이 되기를 기도합니다.

성서사람 · 성서교회 · 성서한국 · 성서나라가
이루어지는 그 날을 꿈꾸며
이 대 희

1 성경 전체 66권을 각 권별로 자유롭게 선택하여 사용할 수 있는 성경공부입니다.

2 드라마를 보며 여행을 하는 재미를 경험하는 내러티브 성경공부입니다.

3 모든 세대(중등부~장년부) 누구나 참여할 수 있는 총체적 성경공부입니다.

4 이야기와 대화를 사용하는 소그룹, 셀그룹, 구역 등에 적합한 성경공부입니다.

5 다양한 상황(성경강해, 기도회, 성경공부 모임)에 응용할 수 있는 성경공부입니다.

6 성경 전체를 체계적으로 연구할 수 있는 성경공부입니다.

7 장기적으로 신앙성장을 이루는 균형 잡힌 평생 양육 성경공부입니다.

8 귀납적 방법과 이야기대화식 방법을 조화시킨 한국 토양에 맞는 성경공부입니다.

9 말씀의 능력을 체험하면서 삶의 변화를 이루는 역동적 성경공부입니다.

10 성경 속으로 누구나 쉽게 다가서며 말씀의 깊이를 체험하는 성경공부입니다.

11 영적 상상력과 응용력을 키워주는 창의적 성경공부입니다.

차   례

1 책별 성경연구 시리즈는 연속극처럼 연결되는 맛이 있으므로 장면 장면이 서로 이어지게 하면서 하나의 이야기로 이끌어가도록 합니다.

2 어떤 사상이나 교리보다는 성경말씀 자체를 사랑하며 말씀이 나를 보도록 하고 오늘 나에게 주시는 음성을 듣는 데 초점을 맞춰야 합니다.

3 교재에 너무 의지하기보다는 교재에 나와 있는 질문을 중심으로 각자 새롭게 상황에 따라 창의적으로 만들어가면서 본문 말씀 안으로 들어가도록 합니다.(Tip은 먼저 보지 말고 이해되지 않을 때 참고)

4 성경을 연구하면서 점차 성경을 보는 눈과 능력을 배양하고 성경 안으로 깊이 들어가는 데 목표를 둡니다.

5 일방적인 강의보다는 소그룹에서 대화를 나누는 방식으로 그룹 활성화를 이루어 성경공부의 흥미를 유발합니다. (자세한 인도자 노하우는 《이야기대화식 성경연구(이대희 저, 엔크리스토 간)》를 참조)

6 성경책별의 유형을 잘 살펴서 그것에 맞는 특징을 살리면 더욱 성경공부가 흥미롭습니다.

7 책별 성경연구는 각 과가 장면 형태로 구성되어 있고 기존의 지식형 공부방법을 탈피하여 드라마나 영화장면을 보는 것처럼 입체적 상상력을 갖고 성경을 공부하는 방식입니다.

8 각 과가 진행될 때 해당하는 과를 모두 마쳐야 한다는 중압감을 벗고 상황에 따라 과를 두 번에 나누어 진행하는 등 성령의 인도에 따라 진행을 자유롭게 하는 것이 좋습니다.

그리스도인이라면 누구나 갖는 한 가지 소망……
이 한 권에 담긴 이야기의 소망……

Narrative

사도행전 3

(사도행전 19~28장)

사도행전 3
(사도행전 19~28장)

1. 배경과 개관

1) 저자

저자는 누가복음을 기록한 누가다. 누가는 나중에 드로아에서 바울과 함께 사역한 의사였다(행 16:8~10). 사도행전은 누가복음의 후편으로서 교회에 대해 기록한 글이다. 이스라엘을 시작으로 복음이 전파된 경로를 역사적인 기록을 통하여 우리에게 알려주고 있다. 사도행전은 확장된 하나님나라의 이야기다. 교회를 통하여 하나님나라를 건설하는 것을 생동감 있게 기록하고 있다. 특히 교회와 하나님나라를 건설하는 주체는 사람이나 조직이 아닌 성령의 역사였음을 말하고 있다. 이런 면에서 사도행전을 성령행전이라고도 한다. 사도행전의 기록 연대는 A.D 62년에서 2세기 중반으로 추정된다. 누가는 바울과 가까운 여행 동반자로서 바울의 사역을 더욱 상세하게 기록할 수 있었다.

2) 특징

① 설교를 중심으로 한 기록방식이다. 베드로의 설교(2:14~39, 3:11~26, 10:27~43)와 스데반의 설교(7:1~53)와 바울의 설교(13:16~47, 17:22~31, 20:17~35) 등이 설교를 중심으로 기록되었다. 이 설교들은 다양한 배경 속에서 그리스도의 복음이 어떻게 전파되는지 설명하고 있다. 그리스

도에 대한 이야기가 사도행전을 통해 계속 나타나고 있음을 의미한다.

② 사도행전에 나타나는 이야기의 중요한 전환점마다 성령께서 결정적 역할을 하고 있다. 이것은 저자 누가의 특별한 서술 방식이다. 전환점마다 성령의 역할이 강조되고 있는데 이는 그리스도께서 다시 오실 때까지 성령의 역사가 계속 이어짐을 의미한다.

③ 복음의 역동성과 확장성이다. 복음은 하나님의 능력이다. 하나님의 구원 행위는 유대인이나 이방인 모두에게 차별 없이 적용되고 어느 것으로도 방해받을 수 없는 특징을 지니고 있다. 복음을 만나면 누구든지 놀랍게 변화되고 지역과 대상을 넘어 복음의 확장이 이루어진다.

④ 복음의 반응에 대한 것이다. 사도행전을 통하여 복음이 전파되는 과정을 보면 언제나 두 종류의 사람이 등장한다. 하나는 복음을 받아들이는 사람이며 또 하나는 복음을 거부하는 사람이다. 이야기가 진행될수록 이방인은 복음을 잘 받아들이는 반면 유대인과 예루살렘 지도자들은 복음을 거부하고 교회를 배척하는 특징을 보이고 있다. 복음이 이방인에게도 퍼짐으로써 이스라엘이 시기나게 하는데, 이는 궁극적으로 이스라엘을 구원시킨다는 역설적인 연관성을 가지고 있다.

3) 주요등장 인물
• 베드로 : 예루살렘 지도자
• 빌립 : 유대와 사마리아 전도자
• 바울 : 이방세계 전도자

4) 사도행전과 누가복음의 관계

① 누가복음이 수직적 표현 방식이었다면 사도행전은 이방인 선교에 관심을 두고서 수평적 표현 방식을 택했다.

② 저자 누가는 자신의 복음서인 누가복음과 역사서인 사도행전을 1, 2부로 구성하고 있다. 사도행전을 읽을 때는 누가복음을 근거로 그것과 관련성을 가지고 연구해야 한다.

③ 누가복음은 유다에서 예루살렘으로 향하는 지리적인 순서를 적용하고 있지만 사도행전은 반대로 예루살렘에서 출발하여 유다의 다른 지역으로 확장되어 나가고 있다. 이것이 바울과 연결성을 가지면서 당시 제국의 중심부인 로마에게까지 확장되고 있다.

5) 사도행전의 내용 구조

1~2장(예루살렘)	8~12장(유대와 사마리아)	13~28장(땅 끝까지)
예루살렘	유대와 사마리아, 이방지역	안디옥이 중심지
베드로	베드로에서 바울로 옮겨짐	사도 바울
열두 사도 활약	열두 사도 퇴장	사도 바울이 부각
이스라엘을 향한 메시지	이방 지역을 향한 메시지	모든 사람을 향한 메시지
초대교회 태동과 성장	빌립의 복음 증거 사울의 회심 베드로의 복음 증거 초대교회 박해	예루살렘 공의회 1~3차 로마 전도여행

6) 지도

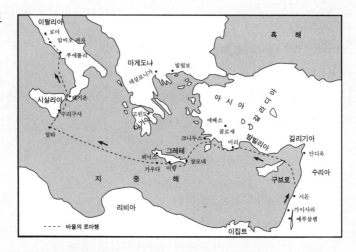

2. 이야기 사도행전 전체 구성

>> 도입

예루살렘에서 시작된 복음 이야기(1:1~6:7)

• 성령의 오심으로 새로운 시대가 열림
• 예루살렘을 중심한 초대교회 성령 공동체
• 두 공동체 출현(헬라어를 사용하는 헬라파 유대 그리스도인과 아람
어를 사용하는 예루살렘파 유대 그리스도인으로 복음 확장의 주역은
헬라파 유대 그리스도인들이다.)

>> 전개1

유대와 사마리아로 확장되는 복음 이야기(6:8~9:31)

• 스데반의 설교와 순교
• 빌립을 통한 사마리아 복음 전파
• 이방인 선교의 핵심인물인 사울의 회심과 이방 지도자로의 부르심

11

〉〉전개2

이방인에게 전파되는 복음 이야기(9:32~12:24)
• 유대 지도자인 베드로와 이방인 고넬료의 만남
• 헬라파 유대인들에 의해 이방인 선교의 중심지인 안디옥교회 설립
(유대인과 이방인이 복음으로 연결됨)

〉〉갈등

아시아로 전파되는 복음 이야기(12:25~16:5)
• 안디옥교회가 새로운 선교 중심지로 부상
• 베드로가 퇴장하고 바울이 핵심적인 인물로 등장
• 복음전파는 유대교와 단절되는 결과를 가져옴
• 예루살렘 공의회를 통하여 이방인에게 율법에 얽매이지 않는 복음이
확증됨

〉〉절정

유럽으로 전파되는 복음 이야기(16:6~19:20)
• 바울의 2차, 3차 전도 여행
• 안디옥에서 출발하여 안디옥으로 돌아옴

〉〉대단원

로마에 전파되는 복음 이야기(19:21~28:30)
• 바울이 로마로 간 과정의 이야기
• 바울의 동족인 유대인에 대한 관심과 설교
• 난파를 통해 로마로 입성

SCENE 01

에베소 전도
(제3차 선교 여행)

성경 본문 | 사도행전 19:1~20

바울은 3차 선교 여행 때에 2차 선교 여행의 코스를 그대로 답습하면서 앞서 전도한 지역을 심방합니다. 특히 이 여행 도중에 고린도 전후서와 로마서와 같은 서신서가 기록됩니다. 3차 선교 여행에서 바울은 대부분 에베소에서 지내게 됩니다. 에베소는 바울의 선교 여행 중 가장 큰 곳으로 에베소 전도는 에베소를 중심한 아시아 일대에 큰 영향을 미쳤습니다. 에베소에서 만난 사람들은 아볼로처럼 성령의 세례를 알지 못했습니다. 그들은 바울의 설교를 듣고 예수의 이름으로 세례를 받습니다. 그러자 성령이 임하시고 각종 은사를 받게 됩니다. 우리는 이 부분을 에베소의 오순절이라고 부릅니다. 당시 아시아에서는 주술이 성행했는데 바울은 이적을 통하여 악귀를 축출하고 예수 그리스도의 능력을 전함으로 선교의 큰 성과를 얻게 됩니다.

말씀의 살핌

1. 바울이 3차 선교 여행을 하면서 에베소 지역에 들렀는데, 이곳에서 바울은 어떤 일을 만나게 되었습니까?(1~2)

2. 에베소에 있는 제자들은 전에 어떤 세례를 받았으며, 바울을 통해 어떤 세례를 받았습니까?(3~5)

3. 바울이 그들에게 안수할 때 어떤 일이 일어났습니까?(6~7)

4. 바울이 에베소에서 회당에 들어가 한 일은 무엇입니까?(8)

5. 마음이 강퍅한 몇몇 사람들이 바울이 전하는 도를 비방하자 바울은 무엇을 했습니까?(9~10)

6. 하나님이 바울에게 희한한 능력을 행하게 하신 일은 무엇입니까?(11~12)

_____

_____

7. 마술을 행하는 유대인들이 바울을 흉내 내어 귀신을 쫓아내려다가 어떤 어려움을 당했습니까?(13)

_____

_____

8. 유대의 제사장 스게와의 일곱 아들은 바울이 행한 일을 보고 자기들도 행하려고 했습니다. 그러다 그들은 어떤 일을 겪게 되었습니까? (14~16)

_____

_____

9. 바울이 귀신을 쫓아내는 것을 보면서 에베소에 거하는 유대인이나 헬라인이 어떤 반응을 보였는지 말해 보십시오.(17~18)

_____

_____

10. 마술을 행하던 사람들은 어떻게 변화되었습니까?(19)

_____

_____

11. 교회의 부흥과 사역에서 번성하며 홍왕하게 하는 중요한 원동력은
무엇입니까?(20)

_____

_____

말씀의
깨달음

1. 요한이 베푼 세례의 문제점은 무엇입니까? 바울은 왜 안수하여 그들
에게 성령이 임하게 했습니까? 우리는 언제 성령을 받게 됩니까? 성령
충만과 성령 받는 것의 차이점은 무엇인지 말해 보십시오.(참고, 엡
1:13~14)

_____

Tip 요한의 세례는 회개의 세례로 부족한 부분이 있습니다. 사람들이 요한의 세례만 알
았다고 하는 것은 아직 그리스도를 알지 못했음을 의미합니다. 복음의 핵심은 그리
스도입니다. 그리스도를 알지 못하면 다른 것을 아무리 많이 알아도 의미가 없습니
다. 오직 그리스도만이 구원에 이르게 합니다.

2. 바울이 복음을 담대히 전함에도 불구하고 사람들이 비난하자 바울
은 다음 사역지를 어디로 정했습니까?(참고, 행 19:9)

_____

Tip 바울은 복음의 길이 열려지는 대로 나아갔습니다. 그것 역시 하나님의 인도라고 보
고 순종했습니다. 우리도 자연스럽게 문제를 풀어주시는 하나님의 손길을 경험해야
합니다. 열려지는 대로 나아가야 합니다. 선교의 주체는 인간이 아닌 성령 하나님이
십니다. 성령님께 맡기는 것이 좋습니다. 왜냐하면 그분이 나의 길을 가장 잘 아시기
때문입니다.

3. 바울의 손수건 사건은 오늘 우리에게 무엇을 교훈하고 있습니까?

Tip 하나님은 바울을 통하여 하나님의 신비를 드러내시면서 사람들로 하여금 바울이 전한 복음에 순종하게 하십니다. 손수건 사건은 바울을 하나님이 사용하신다는 표징입니다. 바울의 모든 것이 하나님의 영광을 위해 사용될 때 하나님은 바울을 기적의 사람으로 만드십니다.

4. 초대교회의 성장 원리는 무엇입니까? 이 원리가 오늘 우리에게 잘 적용되지 않는 이유에 대해 말해 보십시오.

Tip 보이지 않는 말씀과 기도와 성령, 보이는 성도들의 삶을 통하여 함께 기적이 나타난다면 교회는 부흥합니다. 진리인 말씀 자체가 부흥하도록 해야 합니다. 기적은 말씀의 위력을 보이기 위한 도구입니다. 우리는 인간의 말이 아니라 말씀이 원동력이 되어 흥왕하는 교회를 꿈꿉니다. 진정한 교회는 보이는 외부 힘이 아니라 보이지 않는 내부의 힘으로 성장의 원동력을 삼습니다.

말씀의 실천

1. 오늘 깨달음과 도전을 주는 말씀은 무엇입니까?

2. 오늘 말씀을 통해 이번 주에 실천해야 할 사항은 무엇인지 삶의 적용을 위한 구체적인 실천계획과 함께 말해 보십시오.

---

3. 오늘 말씀을 통해 발견한 기도제목은 무엇입니까? 아울러 함께 기도의 시간을 가지십시오.

 내가 깨달은 영적 교훈과 삶의 적용

SCENE 02
데메드리오 소요 사건

| 성경 본문 | 사도행전 19:21~41

눈앞의 이익 때문에 우상에 눈이 먼 자들이 바울을 핍박하는 장면이 묘사되어 있습니다. 복음이 흥왕하고 우상 숭배가 쇠퇴하였기에 우상 상인 데메드리오가 시민을 충동하여 소요를 일으킵니다. 시민 2만 5천 명이 앉을 수 있는 거대한 야외극장으로 모여 소요를 일으켰기 때문에 성읍 전체가 혼란에 빠지게 됩니다. 기독교가 득세하게 되면 생업이 위협받게 되고 자기들이 섬기는 우상의 권위가 기독교의 예수로 인해 실추되기 때문에 이를 걱정해 소요를 일으킨 것입니다. 서기장이 잘 무마해서 소요를 진압합니다. 그러나 이 사건 직후에 바울은 에베소를 떠나고 이때 받은 환란을 평생 잊지 못합니다(고전 15:32; 고후 11:8~10). 에베소 교회는 바울이 세운 가장 영적인 교회였습니다. 그래서 사단이 가장 많이 방해를 했던 것으로 여겨집니다.

말씀의
살핌

1. 에베소 선교를 성공적으로 마쳤음에도 불구하고 바울이 늘 마음에
둔 미래의 선교지는 어디였습니까?(21~22)

_____

_____

2. 마술사가 회개하는 등 에베소 전도는 하나님의 도우심으로 성공적
으로 마쳤습니다. 그럼에도 사단의 방해는 끊이지 않고 계속되었는데,
구체적으로 어떤 일이 에베소에서 일어났습니까?(23~29)

_____

_____

3. 바울과 함께 다니던 마게도냐 사람 가이오와 아리스다고를 잡아 시
민재판에 회부하자 바울은 어떻게 하려 했으며, 이때 바울을 만류한 사
람은 누구입니까?(30~31)

_____

_____

4. 모인 대부분의 사람들은 자기들이 모인 이유에 대해서 어떻게 생각
했습니까?(32)

_____

_____

5. 모인 사람들이 어떻게 소동을 일으켰는지 말해 보십시오.(33~34)

_____

_____

6. 데메드리오가 선동하여 모인 군중은 광란의 상태에 이르렀습니다. 아무도 그들을 진정시킬 수 없었습니다. 이때 하나님은 한 서기장을 시켜 이 문제를 해결하셨는데, 어떻게 해결했는지 구체적으로 말해 보십시오.(35~41)

_____

_____

7. 결국 영문도 모른 채 모인 사람들은 서기장의 논리적인 설득에 감화받아 어떻게 했습니까?(41)

_____

_____

말씀의
깨달음

1. 바울은 미래 지향적인 사람이었습니다. 에베소에서의 선교가 성공적이었지만 그것에 만족하지 않고 그의 선교 목표인 로마를 향해 큰 비전을 품고 있었습니다. 이것이 오늘날 우리에게 주는 도전은 무엇인지 말해 보십시오.

_____

_____

Tip 땅끝까지 복음을 전해야 합니다. 우리의 선교는 초민족적이고 범세계적이어야 합니다. 왜냐하면 모든 사람이 하나님의 자녀이기 때문입니다.

2. 본문을 통해 한 사람의 선동이 얼마나 위험하고 무서운지를 발견하게 됩니다. 무리의 특징과 가만히 들어와 사람들을 선동하는 마귀의 술책의 특징을 서로 비교하여 말해 보십시오. 이것이 선교와 교회 공동체에 주는 영적 교훈은 무엇입니까?

Tip 한 사람의 잘못된 선동은 모든 무리를 유혹하게 하는 강력한 힘이 있습니다. 한 사람을 소홀히 여기면 안 됩니다. 문제는 언제나 작은 하나에서 시작됩니다. 구원도 이와 같습니다. 무리가 추구하는 것은 늘 보이는 것이요 자기 유익에 근거합니다. 그러기에 쉽게 변합니다. 무리보다는 한 사람에 집중해야 합니다.

3. 하나님은 바울을 숨기고 이방 서기장을 사용하여 소요를 진정시키고 잡혀갔던 가이오와 아리스다고를 놓게 하십니다. 처음에는 바울이 이 두 사람을 구하려고 했다가 주위의 만류로 그만두었는데 결과적으로 하나님께서 직접 행하셨습니다. 어려운 문제를 해결하는 하나님의 놀라운 섭리에 대해 말해 보십시오.(참고, 잠 3:3~6)
*아데미: 에베소의 아데미 신은 땅의 어머니이며 인간과 동물의 모든 생식을 장악하는 최고의 여신으로, 12개의 유방을 갖고 있어 만물을 보육한다고 합니다. 에베소의 수호신으로 아시아 전역에 퍼져 있던 대표적인 우상입니다.

Tip 준비된 서기장을 통하여 하나님은 어려운 문제를 극적으로 풉니다. 바울이 나서지 않아도 쉽게 일이 해결됩니다. 하나님은 언제나 바알에게 무릎을 꿇지 않은 선지자들을 숨기시고 준비시킵니다. 그리고 때에 따라 사용하십니다. 우리는 이런 면에서 늘 하나님의 도움을 기대해야 합니다. 하나님이 하시면 모든 것이 이루어집니다.

말씀의
실천

1. 오늘 깨달음과 도전을 주는 말씀은 무엇입니까?

_____

_____

2. 오늘 말씀을 통해 이번 주에 실천해야 할 사항은 무엇인지 삶의 적용
을 위한 구체적인 실천계획과 함께 말해 보십시오.

_____

_____

3. 오늘 말씀을 통해 발견한 기도제목은 무엇입니까? 아울러 함께 기도
의 시간을 가지십시오.

_____

_____

 내가 깨달은 영적 교훈과 삶의 적용

유두고가 살아난
조용한 기적

| 성경 본문 | **사도행전 20:1~16**

3년간 심혈을 기울였던 에베소 전도를 마치고 바울은 마게도냐와 아가
야를 방문합니다. 본문은 드로아를 거쳐 마게도냐와 아가야에 이르고
거기서 다시 드로아에 돌아온 여행기입니다. 저자는 이 부분을 아주 간
략히 소개합니다. 여기서 바울이 지교회를 정착시키는 과정을 보게 됩
니다. 신자들은 그 주간의 첫날인 일요일에 함께 모이는 관습이 있었는
데 바울은 이들을 만나보고자 7일을 머물렀습니다. 저녁집회 때 유두
고가 졸다가 다락에서 떨어져 죽고 바울이 살리는 이야기가 나옵니다.
기사가 생생하여 목격자의 수기임을 알 수 있습니다. 유두고가 죽었음
을 누가가 확인했지만 바울은 그를 다시 살립니다. 이 사건은 바울에게
복음 전도자로서의 자격을 인준하는 의미와 더불어 초대교인들의 부활
신앙을 북돋우는 계기가 됩니다.

말씀의
살핌

1. 바울은 에베소에서 소요가 그치자 에베소 3년 선교를 마치고 다음 여행지로 떠났는데, 그 여정을 지도에서 살펴보십시오.(1~6)

2. 초대교회 교인들이 안식일뿐 아니라 주일에도 모였음을 말해주는 단어(주일이라는 말이 처음 나오는 구절)를 찾아보십시오.(7)

3. 드로아에서 바울은 성도들과 석별의 정을 나누면서 밤중까지 말씀을 나누었는데, 그 과정에서 어떤 일이 일어났습니까?(7~9)

4. 죽은 유두고 청년은 어떻게 살아났습니까?(10~12)

5. 바울이 드로아를 떠나 어디로 향했는지 여정을 말해 보십시오.(13~16)

말씀의 깨달음

1. 주일에 모여서 떡을 떼었다는 기록을 통해 초대교회 당시의 모습을 그려보십시오.

Tip 초대교회 성도는 주일에 모였습니다. 모여서 떡을 떼며 교제를 나누었는데 이때 떡은 지금의 성찬과 같은 것입니다. 당시 교회는 지금처럼 건물이 있는 게 아니라 사람들의 모임이었습니다. 그리고 그 모임은 교제가 활발한 유기적인 공동체였습니다. 교제 없는 모임은 죽은 공동체입니다.

2. 드로아에서 일어난 유두고 사건은 아주 조용하게 해결됩니다. 다른 사건과 달리 유두고 사건은 조용한 기적이었습니다. 이것을 통해 발견되는 교훈은 무엇입니까?

Tip 말씀을 듣다가 실수하여 유두고가 죽었습니다. 그러나 바울은 그를 살려주었습니다. 바울이 밤늦도록 복음을 전하는 강론에 힘쓴 것은 그만큼 드로아의 성도들이 열심이었다는 것을 의미합니다. 그런 가운데 유두고의 기적은 복음을 더 전진시키는 역할을 했습니다.

3. 바울이 오랫동안 밤이 맞도록 가르친 모습은 매우 인상적입니다. 그래서 유두고는 떨어져 죽게 되었습니다. 이 사건을 오늘날 설교를 대하는 현대인들의 반응과 비교하여 보고, 이것이 어떤 의미를 갖는지 말해보십시오.

Tip 초대교회에 비해서 오늘날 성도들은 말씀을 사모함이 약합니다. 시간에 쫓겨 깊이 있는 말씀을 배우지 못하고 있습니다. 그러나 시간과 상관없이 말씀에 푹 빠져드는 역사가 교회에 일어나야 합니다. 시간 가는 줄 모르게 말씀을 듣고 경험하는 일이 교회에서 일어난다면 놀라운 부흥의 역사가 일어날 것입니다.

말씀의 실천

1. 오늘 깨달음과 도전을 주는 말씀은 무엇입니까?

_____

_____

2. 오늘 말씀을 통해 이번 주에 실천해야 할 사항은 무엇인지 삶의 적용을 위한 구체적인 실천계획과 함께 말해 보십시오.

_____

_____

3. 오늘 말씀을 통해 발견한 기도제목은 무엇입니까? 아울러 함께 기도의 시간을 가지십시오.

_____

_____

 내가 깨달은 영적 교훈과 삶의 적용

에베소 교회를 향한 고별사

| 성경 본문 | 사도행전 20:17~38

본문은 드로아에서 밀레도까지의 여행기와 밀레도에서 에베소 장로들을 불러 고별설교를 한 과정을 기록하고 있습니다. 드로아에서 일행을 배에 태워 보내고 바울 자신은 도보로 앗소에 이릅니다. 바울은 거기서 일행을 만나 미둘레네, 기오, 사모를 거쳐 3일 만에 밀레도에 이릅니다. 특히 바울이 에베소 장로들을 밀레도에 불러서 고별 설교를 하는데 이는 교회를 향한 바울의 사랑을 엿볼 수 있는 장면입니다. 3년 동안 심혈을 기울여 어떻게 목회를 했는지 에베소 장로들을 향해 설교하고 있는데, 지금까지의 행적을 열거하고 교회와 복음을 향한 자신의 열정과 애정을 보여주고 있습니다. 특히 주와 은혜의 말씀에 모든 것을 부탁하는 장면은 사역의 방향이 어디에 있어야 함을 가르쳐 주고 있습니다.

1. 바울은 배를 타고 예루살렘에 급히 가는 중에 밀레도에 이르렀습니다. 바울이 여기서 에베소에 있는 교회 장로(교회 지도자)들을 청하여 고별 설교한 내용을 말해 보십시오.

1) 바울의 과거 사역(18~21)
① 시련을 잘 극복했다.

② 말씀을 가르치고 전했다.

③ 거리낌 없이 전했다.

2) 바울의 현재 어려움(22~24)
① 자신이 아닌 하나님만 바라보는 신앙

② 복음과 자기 백성을 사랑함으로 당하는 고난과 핍박에 대한 각오

3) 미래의 위험에 대한 경고와 준비(25~35)
① 그 동안의 자신의 삶: 복음을 증거하는 생활 소개(25~27)

② 항상 양떼를 위하여 삼가라.

③ 외부의 공격(흉악한 이리)을 주의하라.

④ 내부의 공격(거짓 교사들)을 주의하라.

⑤ 돈에 대한 탐욕을 주의하라.

2. 바울이 에베소에서 밤낮 쉬지 않고 3년 동안 관심을 갖고 행한 일은 무엇입니까?(31)

3. 바울은 누구에게 교회를 부탁하면서 떠났습니까? 그 이유는 무엇입니까?(32)

4. 설교를 마친 후에 에베소 장로들과 바울은 어떻게 작별했습니까?(36~38)

말씀의
깨달음

1. 성장하는 교회에 닥치는 어려움은 무엇이며, 이것은 오늘날 어떤 교훈을 주고 있습니까? 교회를 계속 성장시키기 위해 해야 할 가장 중요한 일은 무엇인지 말해 보십시오.

_____

_____

Tip 성장하는 교회를 보면 대체적으로 내부적인 연약함을 보이는 경우가 많습니다. 외적으로는 크고 거대하지만 내부적으로는 말씀에 대한 신뢰 부족으로 연약해질 수 있습니다. 외적인 것에 치중하다 보면 내적인 부분은 자연히 허약해지는 경우가 많습니다. 진정한 교회 성장이 이루어지기 위해서는 외부적인 것보다는 내부적으로 튼튼해야 합니다.

2. 바울이 에베소 교회의 미래에 대해서 예언했음에도 교회는 이것을 잘 지키지 못하고 결국에는 황량한 무덤과 같이 되고 말았습니다. 이것을 통해 오늘날 교회에 주는 도전은 무엇입니까?(참고, 계 2:4)

_____

_____

Tip 성경이 점차 사라지는 교회를 조심해야 합니다. 말씀이 기업이 되고 말씀이 주체가 되는 교회가 능력이 있는 교회입니다. 지도자가 떠나도 흔들리지 않고 성장하는 교회가 성경이 원하는 교회의 모습입니다. 그것을 위해서는 성도가 말씀의 훈련을 받아야 합니다. 양육에 소홀하면 교회의 미래는 없습니다. 다음 세대를 성경으로 가르치고 양육하는 일은 미래 성장의 원동력입니다.

말씀의
실천

1. 오늘 깨달음과 도전을 주는 말씀은 무엇입니까?

_____

_____

2. 오늘 말씀을 통해 이번 주에 실천해야 할 사항은 무엇인지 삶의 적용을 위한 구체적인 실천계획과 함께 말해 보십시오.

_____

_____

3. 오늘 말씀을 통해 발견한 기도제목은 무엇입니까? 아울러 함께 기도의 시간을 가지십시오.

_____

_____

 내가 깨달은 영적 교훈과 삶의 적용

_____

_____

_____

_____

SCENE 05
죽을 준비가 된 바울

| 성경 본문 | **사도행전 21:1~16**

예루살렘을 향하는 길에서 바울은 잠시 두로에 머물게 됩니다. 두로의 성도들은 바울의 예루살렘행을 만류하지만 바울의 의지를 꺾지는 못합니다. 자기의 목숨을 아까워하지 않는 단호한 복음의 열정을 발견할 수 있습니다. 밀레도에서 3차 선교 여행을 결산한 후에 바울은 예루살렘으로 발길을 돌립니다. 위험이 예고되어 있지만 이미 수난의 길을 각오한 그는 그것에 굴하지 않고 예루살렘행을 고집합니다. 예루살렘으로 입성하시던 예수님처럼 바울도 십자가의 길을 따라가는 심정으로 예루살렘에 들어가게 됩니다. 바울은 어디서나 복음을 전할 준비와 주님을 위해서 죽을 준비가 되어 있었습니다. 그는 이미 주님을 만날 준비가 되어 있었음을 알 수 있습니다. 그것이 이런 담대함을 가지게 한 원동력이 되었습니다.

1. 바울이 밀레도에서 작별한 후에 어디로 향했는지 여정을 말해 보십시오.(1~3)

_____

_____

2. 두로에서 어떤 일이 일어났습니까?(4)

_____

_____

3. 바울 일행은 예루살렘으로 향했습니다. 이 일을 보고 성도들은 바울 일행을 어떻게 보냈는지 밀레도의 장로들과 비교하여 말해 보십시오.(5~6)

_____

_____

4. 두로에서 가이사랴로 간 여정을 말해 보십시오.(7~8)

_____

_____

5. 가이사랴에서 어떤 일이 일어났습니까?(8~9)

_____

_____

6. 선지자였던 아가보는 무엇을 예언했으며 주위의 반응은 어떠했는지 말해 보십시오.(10~12)

_____

_____

7. 바울의 대답과 결단의 태도를 말해 보십시오.(13)

_____

_____

8. 바울의 행동에 대해 제자들은 어떤 반응을 나타냈습니까?(14)

_____

_____

9. 바울이 다시 예루살렘을 여행하면서 누구를 대동했습니까?(15~16)

_____

_____

말씀의
깨달음

1. 바울은 지금 예루살렘으로 가려고 하는데 주변의 환경은 그를 가지 못하게 막고 있습니다. 제자들과(4) 선지자 아가보와(10~11) 누가와 사람들(12), 그리고 바울의 관계를 통해 발견되는 사람들의 충고와 여기에서 발견되는 하나님의 뜻에 대해 말해 보십시오.

2. 바울의 생각과 성령의 감동하심을 받아 충고한 바울의 제자들은 서로 반대가 되는데, 우리는 이것을 어떻게 이해해야 합니까?(참고, 행 21:14)

3. 바울은 죽음이 예고된 길을 걸으려 하고 있습니다. 이것은 이미 성령의 음성을 통해 예고되었습니다. 그럼에도 바울은 예루살렘으로의 길을 끝까지 고집했습니다. 이를 통해 발견되는 영적 교훈은 무엇입니까?(참고, 롬 1:15; 행 20:23~25, 21:13; 딤후 4:6)

말씀의
실천

1. 오늘 깨달음과 도전을 주는 말씀은 무엇입니까?

_____

_____

2. 오늘 말씀을 통해 이번 주에 실천해야 할 사항은 무엇인지 삶의 적용
을 위한 구체적인 실천계획과 함께 말해 보십시오.

_____

_____

3. 오늘 말씀을 통해 발견한 기도제목은 무엇입니까? 아울러 함께 기도
의 시간을 가지십시오.

_____

_____

 내가 깨달은 영적 교훈과 삶의 적용

_____

_____

_____

_____

_____

예루살렘에 들어간 바울

| 성경 본문 | 사도행전 21:17~36

예루살렘에 있는 유대인들은 바울의 선교 보고를 호의적으로 수용하지 못했습니다. 그들은 아직도 유대적 사고방식으로 이방인들을 바라보고 있습니다. 이전에 예루살렘 공의회 결의가 있었지만 유대인들은 여전히 이방인들의 결례 문제를 제기합니다. 이것을 위해 바울은 자기 제자들에게 유대인의 정결법에 의한 결례의식을 행합니다. 바울의 대의적인 결정을 볼 수 있는 대목입니다. 이런 노력에도 불구하고 오해를 받게 되는데 유대인들은 바울이 이방인을 성전에 데리고 들어간 것을 문제 삼아 바울을 모함합니다. 바울은 이 일로 체포되어 결국 로마 군인에게 인계됩니다. 선민인 유대인들이 그리스도를 죽였던 것과 같은 죄악이 다시 드러나고 있습니다.

1. 믿음의 형제들이 예루살렘에 들어간 바울을 어떻게 영접했는지 말해 보십시오.(17)

2. 바울이 야고보 감독과 장로들에게 이방인 선교 보고를 하자 그들은 어떻게 반응했습니까?(18~22)

3. 예루살렘 지도자들은 대인들과의 오해를 해결하기 위하여 바울에게 어떤 타협안을 제시했습니까?(23~25)

4. 바울은 그들의 제안에 대해서 어떻게 행동했습니까?(26)

5. 바울이 예루살렘 교회 지도자들의 요구를 들어주었음에도 불구하고 아시아에서부터 온 유대인들은 사람들을 충동하여 바울을 어떻게 모함했습니까?(27~29)

6. 바울에 대해 오해를 한 무리는 어떻게 했습니까?(30~31)

7. 결국 바울은 로마의 천부장에게 잡혔는데, 유대인 무리는 천부장에게 무엇을 계속 주장하며 바울을 괴롭혔습니까?(32~36)

말씀의
깨달음

1. 복음을 전하는 데는 언제나 오해와 모함이 따르게 됩니다. 반응도 찬성과 반대의 양극화가 생기는데, 이를 통해 그리스도인은 어떤 자세를 갖고 효과적인 복음 사역을 해야 할지 말해 보십시오.

Tip 복음을 전할 때 늘 반대자가 있습니다. 세상은 악하기에 반대가 더 많습니다. 힘든 일이 기다리고 있습니다. 이것을 알고 행하면 결과에 상관없이 충실할 수 있습니다. 복음 사역은 세상의 판단과는 다릅니다. 단순히 눈에 보이는 결과에 의해 성공 실패를 말하면 안 됩니다.

2. 바울은 내키지 않음에도 불구하고 왜 예루살렘 교회 지도자들의 타협안을 들어주었습니까(참고, 고전 9:19~20)? 나중에 이 타협안이 유대인들에게 별로 효과가 없게 된 이유는 무엇입니까?

바울은 유대인의 마음에 들기 위해 내키지 않음에도 불구하고 유대인의 법과 규칙을 지키는 등 여러 가지 일을 행합니다. 그러나 도움이 되지 못하고 더 어려움에 빠집니다. 근본적인 마음의 변화가 없는 한 작은 선심은 무의미합니다. 어떤 핑계를 대서라도 그리스도인을 괴롭히는 것이 사단의 전략입니다.

3. 아시아로부터 온 유대인들은 바울을 계속 따라다니면서 괴롭혔습니다. 이들은 무리를 충동하여 바울을 오해하게 하며 괴롭혔습니다. 바울을 모함하고 오해를 불러일으킨 무리의 행동을 통해 오늘날 복음 사역에 대한 영적 교훈을 말해 보십시오.

Tip 사단은 끈질기게 우리를 넘어지게 합니다. 하나님이 우리를 포기하지 않듯이 사단도 우리를 포기하지 않고 괴롭힙니다. 이것을 안다면 늘 근신하여 깨어 기도하고 그들의 전략을 예의주시해야 합니다. 이것을 알기 위해서는 말씀을 계속 배우고 가까이 해야 합니다.

말씀의
실천

1. 오늘 깨달음과 도전을 주는 말씀은 무엇입니까?

2. 오늘 말씀을 통해 이번 주에 실천해야 할 사항은 무엇인지 삶의 적용을 위한 구체적인 실천계획과 함께 말해 보십시오.

_____

_____

3. 오늘 말씀을 통해 발견한 기도제목은 무엇입니까? 아울러 함께 기도의 시간을 가지십시오.

_____

_____

 내가 깨달은 영적 교훈과 삶의 적용

바울의 변호

| 성경 본문 | 사도행전 22:1~21

바울은 자신의 변증을 자기 자신의 신앙 간증으로 대치하고 있습니다. 이 변명은 사도행전 9:1~19의 기사와 거의 같은 내용입니다. 이것은 자신을 위한 변명이 아닌 그리스도 복음을 위한 변명입니다. 바울은 자기가 그리스도를 만나 회심한 것과 경건한 이방인들을 만나면서 경험한 것을 열거하면서 이방 전도가 하나님의 섭리임을 강조하여 말합니다. 그는 다메섹 사건 전에 자기가 가졌던 정통적인 신앙과 다메섹 회심 사건에 대해 이야기했습니다. 그러면서 이는 하나님의 계시로 주어진 것이며 거기서 이방 전도에 대한 사명을 받았음을 밝히고 있습니다. 바울 자신이 회심하였듯이 모든 유대인들도 자기처럼 회심하여 구원을 받아야 함을 강조하고 있습니다.

말씀의
살핌

1. 바울은 어디에서 태어나서 누구에게 교육을 받았으며 어떤 신앙을 갖고 있었습니까?(1~4)

_____

_____

2. 바울은 왜 다메섹에 갔습니까?(5)

_____

_____

바울의 놀라운 회심

3. 다메섹에 가까웠을 때 사울은 어떻게 예수님을 만났습니까?(6~8)

_____

_____

4. 같이 갔던 사람들은 어떤 경험을 했습니까?(9)

_____

_____

5. 주님은 바울에게 빛 가운데서 어떤 말씀을 하셨습니까?(10)

_____

_____

6. 바울은 어떻게 다메섹으로 들어갔습니까?(11)

_____

_____

7. 바울이 다메섹에서 만난 사람은 누구입니까? 그는 바울에게 어떤 말을 했습니까?(12~15)

_____

_____

8. 바울이 아나니아의 말을 받아들인 후에 신자가 되는 과정을 말해 보십시오.(16)

_____

_____

바울의 특별한 사명

9. 바울이 예루살렘에 돌아와서 성전에서 기도할 때 비몽사몽간에 들은 주님의 말씀은 무엇인지 말해 보십시오.(17, 21)

_____

_____

10. 바울은 과거에 어떤 사람이었습니까?(18~20)

_____

_____

말씀의
깨달음

1. 바울의 변증적인 설교는 바울의 생애의 요약판입니다. 바울은 왜 복음을 전파하는 데 간증을 사용했습니까? 이것을 통해 느낀 점은 무엇입니까?

_____

_____

Tip 간증은 사람들이 쉽게 마음을 열고 동화되게 하는 유익이 있습니다. 자기의 경험을 예로 들면서 복음에 접근하는 설교 방식은 강퍅한 사람들에게 효과적입니다. 이야기의 힘이라 할 수 있습니다. 우리가 경험한 사건과 이야기들은 모두 복음 전파에 소중한 자료가 됩니다. 당시는 힘들고 어려운 고난의 체험이지만 나중에 좋은 복음의 도구가 될 것입니다.

2. 바울은 어떻게 하나님의 종이 되었으며, 하나님은 왜 바울을 그분의 종으로 사용하셨습니까?

_____

_____

Tip 바울이 하나님의 종이 된 것은 전적으로 하나님의 선택에 의한 것입니다. 이미 오래 전부터 준비된 하나님의 부르심입니다. 이방 구원을 위하여 사용하기로 작정한 하나님의 부르심에 바울은 더 이상 거부할 수 없었습니다. 그는 자기가 가지고 있는 좋은 조건(로마 시민권 등)을 사용하여 더욱 복음에 헌신합니다.

3. 성령께서는 바울이 예루살렘이 아닌 이방 선교사역을 할 것이라고 말씀하셨습니다. 그리고 예루살렘이 바울이 전한 복음을 듣지 않을 것이라는 것은 이미 예고되었습니다. 그럼에도 바울이 하나님의 유예기간이 끝난 예루살렘에 갈 것을 굳이 고집한 이유는 무엇입니까?

_____

_____

Tip 바울의 예루살렘 전도는 이미 고난이 예고된 것이고 결과가 없는 전도여행입니다. 오히려 고난만 닥치는 소득 없는(?) 일입니다. 그러나 유대인이 회개할 것을 염두에 둔 미래를 위한 전도라고 볼 수 있습니다. 당장은 효과가 없지만 언젠가는 이것이 씨앗이 되어 복음의 역사가 예루살렘에서 일어나기를 소원하는 바울의 마음이 담겨 있습니다(참고, 롬 11장).

말씀의
실천

1. 오늘 깨달음과 도전을 주는 말씀은 무엇입니까?

2. 오늘 말씀을 통해 이번 주에 실천해야 할 사항은 무엇인지 삶의 적용을 위한 구체적인 실천계획과 함께 말해 보십시오.

3. 오늘 말씀을 통해 발견한 기도제목은 무엇입니까? 아울러 함께 기도의 시간을 가지십시오.

내가 깨달은 영적 교훈과 삶의 적용

로마 시민권 주장

| 성경 본문 | 사도행전 22:22~30

바울의 열정적이고 조리 있는 변명도 실패로 돌아갑니다. 오히려 바울의 변론을 듣고 있던 유대인들은 분노하여 살의를 가지고 죽이고자 합니다. 바울은 이때 백성을 피해 자신을 심문하던 백부장에게 자기가 로마의 시민임을 주장하며 부당한 대우에 대해서 문제를 제기합니다. 그러자 천부장은 자기의 위법행위를 알고 산헤드린 공의회에서 증언을 하도록 합니다. 바울은 그동안 숨겨두었던 로마 시민권을 자기를 위해서가 아니라 오직 복음을 위해서 사용했습니다(빌 3:1~9).

말씀의
살핌

1. 유대인들은 바울의 말이 끝나기도 전에 어떻게 했습니까?(22~23)

2. 이 소란을 지켜보던 천부장은 문제를 어떻게 해결했습니까?(24~25)

3. 위기에 처한 바울은 곁에 서 있는 백부장에게 어떤 말을 했습니까?(25)

4. 백부장이 천부장에게 달려간 이유는 무엇입니까? 천부장은 이것을 듣고 어떻게 행동했습니까?(26~27)

5. 천부장과 바울은 서로 다르게 로마 시민권을 얻었는데, 어떻게 얻었는지 말해 보십시오.(28)

6. 바울을 심문하려던 사람들이 물러간 이유는 무엇입니까?(29)

_____

_____

7. 결국 천부장은 이 문제를 어떻게 처리했습니까?(30)

_____

1. 바울의 변증을 들은 유대인들은 왜 소리를 지르며 바울을 잡아 죽이려 했습니까?(참고, 눅 4:25~29)

_____

Tip 유대인은 이방인을 멸망 받아 마땅한 사람들이라고 생각했습니다. 그런데 바울이 이 방인을 위한 전도자로 부름을 받았다고 말하자 유대인들은 더 이상 듣기를 거부하며 분노합니다. 자기를 포기한다는 것이 얼마나 어려운지요. 기득권을 지키기 위해서 상대방을 죽이려는 행위는 주님이나 스데반 때도 동일하게 나타난 것입니다. 오늘도 자기의 유익을 위하여 다른 사람을 힘들게 하는 사람들이 있지 않습니까?

2. 로마의 천부장은 왜 바울을 잡아들여 고문하게 되었습니까?

_____

Tip 로마 식민지 상태에 있는 유대인들은 법과 상관없이 로마 사람들에게 채찍질을 당하고 심문을 받았습니다. 인간적인 대우를 받지 못했습니다. 일단 때리고 심문하는 것은 일을 쉽게 처리하는 일반적인 그들의 방식입니다. 소란을 피우는 것에 대해 관리자인 천부장은 책임을 져야 하기 때문입니다.

3. 바울은 위기에 처하자 로마 시민권을 효과적으로 사용했습니다. 이 것을 통해 발견되는 하나님의 섭리를 말해 보십시오.(참고, 행 16:35~40)

_____

Tip 그동안 바울은 사용하지 않고 숨겨두었던 로마 시민권을 사용하면서 어려움을 극적으로 피해갑니다. 로마 시민권을 가진 사람은 로마법대로 처리해야 합니다. 매질은 법에 위배되는 일로서 임의로 할 수 없었습니다. 이 일로 천부장과 바울의 입장이 역전됩니다. 모든 것에는 복음을 위해 효과적으로 사용될 적절한 시기가 있습니다.

말씀의 실천

1. 오늘 깨달음과 도전을 주는 말씀은 무엇입니까?

_____

_____

2. 오늘 말씀을 통해 이번 주에 실천해야 할 사항은 무엇인지 삶의 적용 을 위한 구체적인 실천계획과 함께 말해 보십시오.

_____

_____

3. 오늘 말씀을 통해 발견한 기도제목은 무엇입니까? 아울러 함께 기도 의 시간을 가지십시오.

_____

_____

SCENE 09

박해와 구원

| 성경 본문 | 사도행전 23:1~30

공의회에서 한 바울의 변명은 공회원들 사이에 의견대립을 가져오게 했습니다. 바리새인들은 부활을 인정했고 실용주의자였던 사두개인들은 내세를 부정하는 입장을 취했습니다. 바울은 자기가 바리새인으로서 부활을 증거하다가 고소를 당했다고 주장하였고, 그것은 바리새인과 사두개인 사이에 충돌을 가져왔습니다. 결국 공적으로도 바울을 해치지 못하는 상황이 생기자 유대인들은 음모를 꾸며 바울을 암살하려고 했습니다. 바울을 살해하려던 유대인 40여 명이 작당하였으나 바울의 생질이 고발하면서 그것이 탄로가 납니다. 바울은 가이사랴로 호송되었고 본국의 성도를 구하기 위해 예루살렘을 방문한 바울은 유대인들의 음모로 예루살렘을 떠나게 됩니다. 이것은 궁극적으로 바울이 로마에 가는 데 기여합니다.

1. 바울은 산헤드린 공의회에 나가서 지금까지 자기가 어떻게 하나님을 섬겼다고 증언하고 있습니까?(1)

_____

_____

2. 바울의 증언을 듣고 대제사장 아나니아가 한 일은 무엇입니까?(2)

_____

_____

3. 아나니아의 말을 듣고 바울은 어떤 말을 했습니까?(3)

_____

_____

4. 곁에 선 사람들이 알려준 사실은 무엇이며, 바울은 그것에 대해서 어떤 반응을 보였습니까?(4~5)

_____

_____

5. 바울은 산헤드린의 두 파 중에서 어느 파에 속해 있습니까? 바울의 의견은 결국 산헤드린 공의회에 어떤 결과를 가져왔습니까?(6~9)

_____

_____

6. 큰 분쟁이 생겨 바울이 어려움을 당하자 천부장은 바울을 어떻게 구해 주었습니까?(10)

_____

_____

7. 하나님은 바울을 어떻게 도와주셨습니까?(11)

_____

_____

8. 하나님의 격려를 받은 바울에게 다음날 어떤 위험이 닥쳤습니까?(12~15)

_____

_____

9. 바울에게 위험을 알려 위기를 극적으로 모면하게 한 사람의 행동에 대해서 말해 보십시오.(16~21)

_____

_____

10. 천부장은 위험에 처한 바울을 어떻게 도왔습니까?(22~30)

_____

_____

말씀의
깨달음

1. 하나님은 바울이 위험에 처해 있을 때 천부장과 바울의 조카를 통해 극적으로 구출해 주십니다. 이것은 복음을 위해 사는 사람에 대해서 무엇을 말해 줍니까?

_____

_____

Tip 언제나 하나님은 복음의 사람을 주시하고 도와주십니다. 우리는 이것을 믿어야 합니다. 바울은 자신이 위기에 처했음을 전혀 알지 못했지만 그를 구하는 일이 다른 데서 일어났습니다. 하나님의 보호하심을 입은 사람은 결코 해를 당하지 않습니다.

2. 하나님께서 바울을 도와주셔서 바울은 큰 힘을 얻었습니다. 직접 주님이 나타나셔서 바울을 격려한 사실을 통해 어떤 영적 교훈을 얻을 수 있습니까?

_____

_____

Tip 하나님은 사람을 통하여 복음의 종에게 도움을 주기도 하지만 직접 나타나셔서 위로의 말씀을 하면서 곁에서 힘을 주십니다. 오늘도 나와 아주 가까이 계시는 주님을 느낀다면 힘이 날 것입니다. 늘 나와 항상 함께하시고 영원토록 떠나지 않으시는 주님을 나는 얼마나 믿습니까?

3. 바울을 죽이기로 작정한 40명이 끈질기게 따라다니면서 바울을 죽이기 전에는 먹지도 마시지도 않겠다는 말을 했는데 이를 통해 발견한 영적 의미와 도전을 말해 보십시오.

_____

_____

Tip 선한 일을 할수록 악한 세력은 더욱 우리를 괴롭힙니다. 중요한 사역일수록 고난과 어려움은 더욱 많습니다. 바울의 힘으로 도저히 이길 수 없는 세력이지만 하나님이 보호하시는 한 결코 바울을 죽일 수 없습니다. 아무리 그럴듯한 계략을 사용한다 한들 하나님이 허락하지 않으면 어느 것 하나도 인간의 뜻대로 이루어지지 않습니다.

말씀의 실천

1. 오늘 깨달음과 도전을 주는 말씀은 무엇입니까?

_____

_____

2. 오늘 말씀을 통해 이번 주에 실천해야 할 사항은 무엇인지 삶의 적용을 위한 구체적인 실천계획과 함께 말해 보십시오.

_____

_____

3. 오늘 말씀을 통해 발견한 기도제목은 무엇입니까? 아울러 함께 기도의 시간을 가지십시오.

_____

_____

 내가 깨달은 영적 교훈과 삶의 적용

_____

_____

_____

벨릭스 앞에 선 바울

| 성경 본문 | **사도행전 23:31~24:9**

바울은 호송되어 안디바드리를 거쳐 가이사랴에 도착합니다. 5일 후에 예루살렘에서 원고인이 내려와 바울을 고소했는데 그들은 더둘로라는 변사를 시켜서 대변하게 했습니다. 그 고소 내용을 보면, 바울은 나사렛 예수라고 하는 이단을 추종하고 전파했으며 유대인의 법에서 사형에 해당하는 성전을 더럽히는 죄를 범했고 이것들로 로마 제국의 시민에게 불안감을 주고 유대인의 질서를 무너뜨려 소요를 일으킬 빌미를 제공했다는 것입니다. 인격적인 고발, 종교적인 고발, 정치적인 고발 등으로 어떻게 하든지 바울을 죽이려는 음모를 꾸몄습니다. 어려움에 처한 바울을 구하기 위해 하나님은 루시아를 사용하셨으며 그 일로 인하여 그는 유대인에게 미움을 당했습니다.

1. 바울이 로마 총독에게 어떻게 끌려갔는지 말해 보십시오. (31~33)

2. 벨릭스 총독은(노예였는데 나중에 자유를 얻게 되어 그의 형인 팔라스의 도움으로 총독이 되었다. 그는 잔인하였고 타락한 살인자였다.) 바울이 길리기아 다소 사람인 줄 알고 그를 어떻게 했습니까?(34~35)

3. 닷새 후에 누가 가이사랴에 도착했으며 이들이 총독을 방문한 이유는 무엇입니까?(1)

4. 변사 더둘로가 바울을 고소한 내용을 정리해 보십시오. (2~8)

① 벨릭스에 대한 아부(2~4)

② 인격에 대한 고발(5)

③ 정치적 고발(5)

④ 종교적 고발(6)

5. 더둘로의 말을 들은 유대인들은 어떤 반응을 보였습니까?(9)

1. 가이사랴는 팔레스틴의 로마 점령지입니다. 이스라엘을 총괄하는 로마 총독 벨릭스는 사악한 왕이었고, 제사장 아나니아는 역대 대제사장들 중에 가장 성격이 난폭하고 사람을 잘 치고 재물을 탈취하는 사람으로 나중에 암살당했습니다. 이것을 통해 알 수 있는 복음 사역에 대한 하나님의 섭리를 말해 보십시오.

Tip 하나님을 거역하는 사람의 종말은 비참했습니다. 잠시는 흥왕하는 것 같지만 하나님의 때가 임하면 졸지에 사라지고 죽게 됩니다. 눈앞의 이익만 보지 말고 하나님께서 역사하시는 섭리를 보면서 인생을 살아가야 합니다. 악인의 종말을 생각해 보십시오. 우리는 어떤 경우에라도 악한 사람의 모습을 부러워하거나 본받으면 안 됩니다.

2. 더둘로는 바울의 복음 사역을 왜 염병에 비유했습니까? 아울러 바울에 대해 유대인을 소란하게 하며 나사렛 이단의 괴수라고 비난한 이유를 말해 보십시오. 이것을 통해 발견된 복음의 특징과 이때 갈등이 된 기독교와 유대교의 관계를 정리해 보십시오.

Tip 복음은 힘이 있습니다. 그리고 주변으로 번지는 특징이 있습니다. 복음은 전염병과 같습니다. 한 사람에게 복음을 전하면 그것의 역사는 우리가 생각하는 이상으로 놀랍습니다. 유대인의 입장에서 보면 당시 기독교는 이단입니다. 결국 이때 유대교와 기독교는 원수와 같은 사이가 되었습니다. 유대 사람들은 이방인보다 더 악하게 기독인을 괴롭혔습니다. 성경 중심으로 하지 못하면 언제라도 유대교처럼 될 수 있습니다.

3. 바울이 총독과 대제사장과 장로들에게 심문당하고 군중이 이를 동의하는 상황과 예수님께서 십자가에서 죽으신 사건이 비슷한 과정을 보이고 있는데, 이것의 연관성을 말해 보십시오.

Tip 군중은 언제나 자기 유익의 관점에서 지도자와 왕을 이용합니다. 서로 이용하고 버리는 것이 세상의 이치입니다. 다음 세대에는 관심이 없고 오직 자기의 유익을 구하는 무리의 악한 행동은 지금도 동일합니다. 하나님의 나라는 다음 세대까지 영원합니다. 그러나 세상 나라는 한시적입니다. 오직 자기의 유익만 구하고 다음 세대에는 관심이 없습니다. 그러나 하나님의 나라는 전혀 다릅니다.

말씀의 실천

1. 오늘 깨달음과 도전을 주는 말씀은 무엇입니까?

2. 오늘 말씀을 통해 이번 주에 실천해야 할 사항은 무엇인지 삶의 적용을 위한 구체적인 실천계획과 함께 말해 보십시오.

_____

_____

3. 오늘 말씀을 통해 발견한 기도제목은 무엇입니까? 아울러 함께 기도의 시간을 가지십시오.

_____

_____

 내가 깨달은 영적 교훈과 삶의 적용

SCENE 11

바울의 변증

| 성경 본문 | **사도행전 24:10~27** |

바울은 자신을 변호하기 위하여 아첨하는 말에 의존하지 않고 정직하게 자기의 경력을 말합니다. 바울은 사실에 근거하여 유대인들의 소송 이유를 조목조목 해명합니다. 바울은 자신이 예수 그리스도를 믿는 사람이며 아울러 유대인들이 믿는 하나님과 율법을 자신도 믿고 있다고 말합니다. 그렇기에 유대인들의 고소가 잘못되었음을 말합니다. 벨릭스는 송사가 정치적인 것이 아닌 종교적인 사실임을 깨닫게 되어 재판을 연기합니다. 그 이유는 바울에게서 혐의를 찾을 수 없고 얼마 남지 않은 재임 기간을 말썽 없이 마치려 했기 때문입니다. 그리고 그는 바울에게 어떤 뇌물을 기대했습니다. 바울의 메시지가 위력을 가지고 있어서 벨릭스는 두려워 떨었고 유대인을 기쁘게 하기 위하여 바울을 2년간 더 가두었습니다. 그리고 총독직을 떠났습니다.

말씀의 살핌

1. 머리로 표시하여 자기 의사를 말하는 벨릭스 총독은 어떤 사람인지 말해 보십시오.(10)

_____

_____

2. 바울은 더둘로의 고소에 대해서 어떻게 변증하는지 말해 보십시오.(10~21)

① 벨릭스에 대해 어떤 자세를 보였습니까?(10)

② 소요를 일으켰다는 고소에 대해서(11~13)

—시간의 문제

—증거의 문제

③ 이단의 괴수라는 고소에 대해서(14~16)

④ 성전을 더럽혔다는 고소에 대해서(17~21)

3. 총독 벨릭스는 이미 기독교에 대해서 상당히 알고 있었습니다. 바울의 변증을 듣고 결정을 내릴 수 있는 상황이었지만 그는 그것을 거부했습니다. 그는 어떻게 결정을 유보했습니까?(22)

4. 벨릭스가 바울에게 내린 조치를 말해 보십시오.(23)

5. 벨릭스가 유대 여자인 드루실라(18세의 절세 미인)와 함께 바울을 불러서 행한 일은 무엇입니까?(24)

6. 바울이 벨릭스 부부에게 말한 그리스도를 영접해야 하는 세 가지 이유는 무엇이며 그것에 대해서 벨릭스는 어떤 반응을 보였습니까?(25)

① 과거

② 현재

③ 미래

7. 벨릭스가 바울을 만나고자 한 속셈은 무엇입니까? 나중에 벨릭스는 어떻게 되었습니까(26~27)

말씀의
깨달음

1. 바울의 변명을 통해서 새롭게 발견되거나 느낀 점은 무엇입니까?

_____

_____

Tip 바울은 하나님과 사람에 대해서 항상 양심에 거리낌 없이 행했음을 강조하며 자신이
성경을 믿는 신앙인임을 말합니다. 그리스도인은 자기 뜻대로 사는 것이 아니라 하
나님의 말씀에 따라 양심에 거리낌 없이 사는 사람입니다. 말씀이 없으면 양심은 언
제나 흐트러질 수 있습니다.

2. 더둘로와 벨릭스와 드루실라의 문제점을 말해보고, 이것을 통해 악
한 사람의 유형을 정리해 보십시오.

_____

_____

Tip 하나님을 믿지 않는 사람은 거짓증거와 돈을 탐하며 자기 유익을 먼저 생각하는 것이
특징입니다. 이들의 기준은 항상 자기 자신이며 상황에 따라 이 기준은 달라집니다.
적당하게 타협하며 정치적으로 이용하는 일시적인 즐거움을 추구합니다. 사람은 악
하기에 누구도 이것에서 제외될 수 없습니다.

말씀의
실천

1. 오늘 깨달음과 도전을 주는 말씀은 무엇입니까?

_____

_____

2. 오늘 말씀을 통해 이번 주에 실천해야 할 사항은 무엇인지 삶의 적용을 위한 구체적인 실천계획과 함께 말해 보십시오.

_____

_____

3. 오늘 말씀을 통해 발견한 기도제목은 무엇입니까? 아울러 함께 기도의 시간을 가지십시오.

_____

_____

 내가 깨달은 영적 교훈과 삶의 적용

베스도 앞에 선 바울

| 성경 본문 | 사도행전 25:1~12

2년의 세월이 흐르고 벨릭스 대신 새 총독 베스도가 부임했습니다. 바울을 고소하는 유대인들은 다시 가아사랴에 와서 바울을 고소하지만 이전과 마찬가지로 바울을 죽일 만한 결정적인 증거를 찾지 못합니다. 베스도는 재판을 개정하고 유대인의 청원에 대한 바울의 의사를 물었고, 바울은 예루살렘회의 공의회가 아닌 로마의 가이사에게 상소를 합니다. 총독 베스도는 이것을 허락합니다. 자유의 몸은 아니지만 비로소 바울은 로마로 가서 복음을 전하는 사명을 감당하게 됩니다.

1. 2년이 지난 후에 벨릭스의 후임으로 온 베스도는 바울의 문제를 해결하기 위해 어떻게 했습니까?(1~2)

2. 2년이 지난 후에도 유대인들은 바울을 죽이기 위해 어떤 음모를 꾸몄습니까?(3)

3. 베스도는 유대인들의 음모에 말려들지 않고 어떻게 합니까?(4~5)

4. 베스도는 가이사랴에 돌아와서 이 문제를 재판에 붙였는데, 이때 예루살렘에서 내려온 유대인들은 어떻게 했습니까?(6~7)

5. 바울은 베스도에게 어떻게 변명했습니까?(8)

6. 베스도는 유대인의 마음을 얻고자 바울에게 어떤 제의를 합니까?(9)

_____

_____

7. 바울은 자기를 예루살렘에 보내려고 하는 음모를 알아차리고 어떻게 이 문제를 해결했습니까?(10~11)

_____

_____

8. 결국 베스도는 다른 사람들과 상의하여 이 문제에 대해 어떤 결론을 내립니까?(12)

_____

_____

말씀의 깨달음

1. 하나님은 바울이 예루살렘에 가는 것을 원하지 않았습니다. 왜냐하면 거기에는 바울을 죽이려는 음모가 있었기 때문입니다. 때문에 바울을 예루살렘에 보내지 않고 안전한 로마 군대의 보호 속에 2년 동안 지내게 합니다. 비록 갇힌 신세지만 그것이 가장 안전한 하나님의 방법이었습니다. 이것을 통해 발견되는 영적 교훈을 말해 보십시오.

_____

_____

Tip 사람이 생각하는 것과 하나님의 생각은 다릅니다. 눈앞의 상황만 보면 실패로 보이지만 하나님의 입장에서 보면 현재의 실패가 성공인 경우가 많습니다. 지금 바울에게 가장 안전한 것은 로마 감옥에 갇히는 일입니다. 로마 시민권자인 바울이기에 감옥에서 어느 정도 자유가 있었습니다. 하나님의 보호방법은 인간의 생각을 뛰어넘습니다. 그러므로 모든 일에 감사하고 항상 기뻐해야 합니다.

2. 바울과 유대인 사이에서 이리저리 흔들리는 베스도의 모습은 오늘날 우리 인간들의 모습과 동일합니다. 베스도는 왜 마음을 정하지 못하고 자꾸 흔들렸을까요?(참고, 약 1:14~15)

_____

_____

Tip 정치 권력의 안위를 생각하며 적당하게 유대인과 타협하는 베스도는 욕심이 많은 사람입니다. 자기 욕심이 기준이 되다 보니 죄 없는 바울을 내어 주려는 잘못을 범했습니다. 욕심이 무섭습니다. 욕심이 마음을 지배하면 판단과 생각이 흐려집니다.

말씀의
실천

1. 오늘 깨달음과 도전을 주는 말씀은 무엇입니까?

_____

_____

2. 오늘 말씀을 통해 이번 주에 실천해야 할 사항은 무엇인지 삶의 적용을 위한 구체적인 실천계획과 함께 말해 보십시오.

_____

_____

3. 오늘 말씀을 통해 발견한 기도제목은 무엇입니까? 아울러 함께 기도의 시간을 가지십시오.

_____

_____

 내가 깨달은 영적 교훈과 삶의 적용

SCENE 13
바울에 대한 베스도의 진술

| 성경 본문 | 사도행전 25:13~27

헤롯 아그립바 2세가 새로 부임한 총독 베스도를 예방하기 위하여 누이 버니게와 함께 가이사랴에 오게 됩니다. 아그립바는 로마 황제가 유다 지역의 통치자로 임명한 로마 속국의 왕입니다. 이때 베스도는 이 사건에 대하여 유대 풍속과 사정에 밝은 그에게 자문을 구합니다. 만약 죄인을 가이사에게 보내려면 죄인 보고서가 있어야 하는데 바울에게는 상소 이유가 없었습니다. 이것을 통해 지금 바울이 아무런 죄 없이 고난을 당하고 있음을 알 수 있습니다. 아그립바 왕도 바울의 일을 듣고자 다음날 재판석을 배설하고 바울을 불러냅니다.

말씀의
살핌

1. 수일 후에 베스도를 방문한 사람은 누구입니까?(13)

* 버니게는 아그립바 1세의 맏딸이며, 아그립바 2세의 누이며 벨릭스의 아내인 드루실라의 언니입니다. 오빠인 아그립바 2세와 불륜 관계를 맺은 것으로 의심을 받았고 로마황제 베스파시안의 정부가 되었다가 그의 아들 티도와 유대 전쟁 때 친해져 결혼까지했던 유명한 요부입니다.

_____

_____

2. 베스도는 아그립바 왕에게 무엇을 말했습니까?(14~17)

_____

_____

3. 원고인 유대인들의 문제점은 무엇이었습니까?(18~19)

_____

_____

4. 베스도가 자기를 교묘하게 속이면서 어떻게 자기 합리화를 했는지 말해 보십시오. (20~21)(비교, 행 25:9)

_____

_____

5. 베스도의 말을 들은 아그립바 왕은 어떻게 합니까?(22)

_____

_____

6. 아그립바 왕은 그의 아버지와 같은 행동을 했는데, 그것은 무엇입니까?(23)(참고, 행 12:21~23)

_____

_____

7. 베스도는 어떻게 이야기를 설명하고 있습니까?(24~27)

_____

_____

말씀의
깨달음

1. 베스도가 바울의 고소를 대하면서 힘들어하는 문제는 무엇이며 그 이유는 무엇인지 말해 보십시오.

_____

Tip 유대인들의 마음을 얻는 문제입니다. 진실을 따르기보다는 사람들의 인기를 따르는 것을 조심해야 합니다. 그런 사람은 얼마 가지 못해 불행한 처지가 됩니다. 진리만이 영원합니다.

2. 위엄을 갖추었다는(23절) 것은 호화찬란한 자기들의 위용을 보임으로 스스로를 높였다는 말입니다. 이는 세상 사람들이 흔히 행하는 방법입니다. 반면 바울은 혼자서 초라하게 죄인으로 앉아 있었습니다. 이것을 통해 발견되는 영적 교훈을 찾아보십시오.

Tip 세상 사람들은 자기 스스로 높이려고 합니다. 그러나 그리스도인은 하나님 앞에서 자기를 낮추며 하나님의 때를 기다립니다. 하나님은 종의 자세를 가진 사람을 높이 사용합니다. 크고자 하는 자는 결국 낮아지는 것이 하나님의 이치입니다.

3. 베스도가 자기에게 닥친 문제를 아그립바 왕에게 제시한 이유는 무엇입니까?

Tip 바울을 가이사에게 보낼 때 죄목이 필요했습니다. 그런데 현재 베스도는 바울의 죄목을 찾지 못해 고민하고 있습니다. 그것을 아그립바가 해결해 주기를 원합니다. 이것은 바울이 죄가 없음을 증명하는 것입니다. 억지로 죄를 뒤집어씌워 죄인으로 만드는 세상의 술수에 오늘도 많은 선한 사람들이 피해를 봅니다. 그러나 결국 선이 악을 이깁니다.

4. 바울의 문제는 벨릭스와 베스도 그리고 아그립바 왕에게 넘겨지면서 불확실하게 전개되고 있습니다. 이런 일이 바울에게는 어떤 유익을 줍니까? 또 상황이 이렇게 불확실하게 전개되는 이유는 무엇인지 말해 보십시오.(참고, 잠 3:11~12; 히 12:5~8)

Tip 인간을 의지하지 않고 전적으로 하나님만 의지하기 위함입니다. 불확실한 상황은 인간적으로 보면 불안하지만 그때가 하나님을 신뢰할 수 있는 좋은 기회입니다.

말씀의 실천

1. 오늘 깨달음과 도전을 주는 말씀은 무엇입니까?

_____

_____

2. 오늘 말씀을 통해 이번 주에 실천해야 할 사항은 무엇인지 삶의 적용을 위한 구체적인 실천계획과 함께 말해 보십시오.

_____

_____

3. 오늘 말씀을 통해 발견한 기도제목은 무엇입니까? 아울러 함께 기도의 시간을 가지십시오.

_____

_____

 내가 깨달은 영적 교훈과 삶의 적용

_____

_____

_____

_____

_____

아그립바 왕 앞에 선 바울

| 성경 본문 | 사도행전 26:1~23

사도행전은 바울이 가이사 앞에서 변증하는 모습을 그리지 않았기에 본문이 바울의 최후 변론이라 할 수 있습니다. 이것은 결박된 바울의 다섯 번째 변론입니다. 형식은 첫 번째 변론(22:1~21)과 비슷하나 내용은 더욱 세련되어졌습니다. 자신의 회심과 소명 그리고 그 후의 활동으로 구분하여 말했습니다. 그리고 부활을 강조하고 있습니다. 그리스도로 말미암아 구원이 전 인류적으로 나타나고 있음을 말합니다. 특히 바울은 자기의 행위가 유대인의 전통과 배치된 것이 아니며 자기가 믿는 복음은 이미 모세 이전부터 약속되었고 성취되기 시작한 언약의 복음이라는 점을 강조했습니다. 유대인들의 고소는 말씀을 거부하는 완악한 마음에서 나온 것임을 밝혀 둡니다.

말씀의 살핌

＊총독 베스도의 주선으로 바울은 자기의 일에 대해서 변명합니다.

서론(1~8)

1. 아그립바는 유대인으로 유대인의 법에 익숙했습니다. 그것을 알고 있는 바울은 어떻게 서두를 시작합니까?(1~3)

_____

_____

2. 바울이 말한 젊었을 때의 간증은 어떤 내용입니까?(4~5)

_____

_____

3. 바울은 무엇 때문에 이렇게 심문 받습니까?(6~7)

_____

_____

4. 바울이 강조한 믿음의 본질은 무엇입니까?(8)

_____

_____

본론(9~18)

5. 바울은 예수의 이름을 부르는 자를 어떻게 핍박했습니까?(9~12)

_____

_____

6. 주님은 바울에게 어떻게 나타나셨습니까?(13)

_____

_____

7. 바울에게 나타나신 주님이 어떤 말씀을 하셨는지 그 내용을 정리해 보십시오.

① 예수님을 핍박하는 것은 결국 바울에게 어떤 영향을 줍니까?(14)

_____

② 바울에게 주신 사명은 무엇입니까?(15~18)

_____

결론(19~23)

8. 바울은 하늘의 부름에 대해서 어떻게 했습니까?(19~20)

_____

_____

9. 바울은 하나님의 사명을 완수하다가 어떤 어려움을 당했으며 어떻게 사명을 감당했습니까?(21~23)

_____

_____

말씀의
깨달음

1. 바울이 당한 어려움은 어떤 어려움이며 그것이 우리에게 주는 의미는 무엇입니까? 사명과 연관지어 생각해 보십시오.(참고, 행 26:6~7, 20~23)

_____

_____

Tip 하나님의 약속을 전하면 어려움을 당합니다. 선지자들과 사도들은 한결같이 말씀대로 살다가 어려움을 당했습니다. 예수님도 말씀을 응하는 것으로 인하여 어려움을 당했습니다. 오늘 우리들의 사명 역시 말씀을 이루는 일과 관계가 있습니다. 나는 오늘 나의 일을 이루고 있습니까, 아니면 하나님의 약속을 이루고 있습니까?

2. 14절의 "가시채를 뒷발질하기가 네게 고생이라"는 의미를 말해 보십시오.

_____

_____

Tip 이 말은 당시의 격언으로 유대 사회에서 널리 통용되었습니다. 가시채는 끝에 뾰족한 추가 달린 채찍으로, 황소를 몰고 일을 시키는 일꾼이 말을 듣지 않은 소를 이것으로 쳤습니다. 이때 소가 반항하여 뒷발질을 하여 그 채에 맞으면 고통만 더해질 뿐입니다. 예수를 박해하는 것은 결국 자기에게 고통을 줄 뿐입니다. 그리스도를 박해하는 일은 곧 자기가 망하는 길입니다.

3. 하나님이 주신 바울의 사명을 통하여 발견되는 복음의 특징은 무엇인지 말해 보십시오.

① 복음과 영안 _____

② 복음과 사단 _____

③ 복음과 죄사함 _____

Tip 복음은 우리의 영적인 눈을 열게 합니다. 사단은 복음으로 멸망합니다. 복음은 죄를 해결합니다. 인간이 당면한 문제는 복음만이 해결합니다.

말씀의
실천

1. 오늘 깨달음과 도전을 주는 말씀은 무엇입니까?

_____

_____

2. 오늘 말씀을 통해 이번 주에 실천해야 할 사항은 무엇인지 삶의 적용
을 위한 구체적인 실천계획과 함께 말해 보십시오.

_____

_____

3. 오늘 말씀을 통해 발견한 기도제목은 무엇입니까? 아울러 함께 기도
의 시간을 가지십시오.

_____

_____

 내가 깨달은 영적 교훈과 삶의 적용

바울의 변명

| 성경 본문 | **사도행전 26:24~32**

바울의 변증은 베스도에 의해 일단 중지되나 그는 계속 왕과 문답식으로 대화하며 신앙을 권장합니다. 바울의 능숙한 변증에 끌려 아그립바 왕이 정복당하자 왕은 반격을 가하면서 설득당하지 않았음을 강조합니다. 비록 죄인이지만 죽음을 두려워하지 않고 담대하게 진리를 선포하는 바울의 용기와 위엄은 아그립바와 베스도에게 충격을 주기에 충분했습니다. 결국 바울은 로마 당국과 관리들 앞에서 무죄 판결을 받았습니다. 그러나 바울은 가이사에게 상소를 낸 상태이기에 결국 로마로 이송됩니다.

말씀의 살핌

1. 바울의 변명을 듣고 베스도는 어떤 반응을 보였습니까?(24)

_____

_____

2. 바울은 자신의 상태에 대해 어떻게 말했습니까?(25)

_____

_____

3. 바울이 그리스도를 만난 회심담은 사람들에게 어떻게 알려졌습니까?(26)

_____

_____

4. 바울이 아그립바 왕에게 단도직입적으로 말한 내용을 풀이해 보십시오.(27)

_____

_____

5. 아그립바 왕이 바울에게 제기한 문제점은 무엇입니까?(28)

_____

_____

6. 본문을 통해서 바울이 가진 신앙고백을 말해 보십시오. (29)

_____

_____

7. 바울의 담대하고 논리 있는 복음의 변증을 듣고 왕과 총독과 버니게와 함께 있는 사람들이 무엇이라 말했습니까?(30~31)

_____

_____

8. 아그립바 왕은 베스도 총독에게 바울의 일에 대해서 어떤 아쉬움을 토로했습니까?(32)

_____

_____

1. 바울은 복음 전하는 일 때문에 어려움을 당합니다. 이것을 통해 발견되는 복음과 고난의 관계를 말해 보십시오.

_____

Tip 복음은 늘 고난을 동반합니다. 그것은 죄와 악의 싸움이기 때문입니다. 반면 죄는 본질상 복음을 거부합니다. 이것을 알고 행하면 복이 있습니다. 그러므로 복음을 받은 자는 고난을 이상하게 여기면 안 됩니다.

2. 바울은 복음으로 변화되어 완전히 새 사람이 되었습니다. 우리가 꿈꾸어야 할 복음의 일꾼의 모습은 무엇입니까?

Tip 새 사람이 되었다는 것은 마음과 가치관과 세계관이 달라졌음을 의미합니다. 하나님의 나라와 복음을 전하는 일이 인생에 있어서 가장 큰 의미가 될 때 완전히 변화된 사람이라 할 수 있습니다.

3. 바울은 왕과 총독 앞에서도 당당하게 복음을 변증합니다. 이것을 통해 깨닫는 복음 전도자에 대한 교훈을 말해 보십시오.

Tip 하나님의 자녀는 누구에게도 뒤지지 않는 당당함이 있습니다. 불의와 타협하지 않고 죽음을 두려워하지 않는 사명감을 가진 사람이 곧 그리스도인입니다. 그리스도인이 된다는 것은 이 세상에서 최고의 지위를 얻는 것을 의미합니다.

말씀의 실천

1. 오늘 깨달음과 도전을 주는 말씀은 무엇입니까?

2. 오늘 말씀을 통해 이번 주에 실천해야 할 사항은 무엇인지 삶의 적용을 위한 구체적인 실천계획과 함께 말해 보십시오.

_____

_____

3. 오늘 말씀을 통해 발견한 기도제목은 무엇입니까? 아울러 함께 기도
의 시간을 가지십시오.

_____

_____

 내가 깨달은 영적 교훈과 삶의 적용

_____

_____

_____

_____

_____

바울의 의견을
무시한 결과

| 성경 본문 | 사도행전 27:1~14

본문은 바울이 로마로 이송되는 장면을 그리고 있습니다. 로마 백부장 율리오의 책임하에 바울과 일부 죄수들이 로마로 이송됩니다. 바울에게 이것은 단순한 이송이 아닌 복음을 전도하는 일과 연관되어 있습니다. 가이사랴를 떠나 그레데 섬 까지의 항로로 이송되게 되었는데, 이것은 팔레스틴에서 로마로 가는 정상적 항로였습니다. 가이사랴에서 수리아와 소아시아 해안을 따라 항해하고 도중에 무라에서 로마로 가는 큰 화물선인 알렉산드리아의 배에 옮겨 그레데에 이르게 됩니다. 바울의 호의적인 충고를 무시한 항해 결정은 결국 배에 탄 모든 사람들을 위험에 처하게 합니다.

항해 준비와 시작

1. 바울은 결국 어디로 가게 되었으며 그 일을 맡은 책임자는 누구인지 준비사항과 함께 말해 보십시오.(1~2)

---

2. 백부장 율리오는 바울에게 어떤 배려를 해주었습니까?(3)

---

3. 바울이 죄인의 몸으로 배를 타고 로마로 항해하는 과정을 말해 보십시오.(4~8)

항해의 문제

4. 금식 절기(7월 10일의 대속죄일로 지금의 9월 20일이다)가 지난 시기는 항해하는 데 문제가 있는데, 이때 바울은 어떤 문제를 제기했습니까?(9~10)

---

5. 백부장은 누구의 말을 들었습니까?(11)

_____

_____

6. 결국 백부장은 다수의 의견에 따라 어디로 이동했습니까?(12)

_____

_____

7. 항해하는 과정에서 일어난 문제를 말해 보십시오.(13~14)

_____

_____

말씀의
깨달음

1. 바울은 원하지 않았지만 죄인의 몸으로 로마인들의 호송을 받으면서 로마로 가게 되었습니다. 이것을 통해서 발견되는 영적 교훈은 무엇입니까?

_____

Tip 인간의 눈으로 보면 죄인으로 끌려가지만 하나님의 눈으로 보면 그것은 가장 안전한 하나님의 방법입니다. 하나님의 입장에서 보면 지금 바울을 끌고 가는 사람은 바울을 보호하는 사람입니다. 사람의 생각과 하나님의 생각은 다릅니다.

2. 백부장이 보여준 좋은 점과 실패 원인을 각각 말해 보십시오. 이것을 통해 계획된 하나님의 섭리를 말해 보십시오.

_____

_____

Tip 백부장은 바울에게 친구들을 만나는 자유를 허락합니다. 그러나 항해 문제에 있어서 바울의 말을 듣기보다는 선주의 말을 들었기에 나중에 어려움을 당합니다. 그것은 나중에 바울을 들어 세우는 역할을 합니다. 그리스도인에게는 실패가 곧 성공의 기회가 됩니다. 위기가 하나님의 역사를 이루는 기회입니다.

3. 왜 사람들은 바울의 말을 듣지 않고 항해를 계속했습니까? 우리가 하나님의 말씀을 듣지 않고 인생 항해를 계속할 때 나타나는 문제점을 말해 보십시오.

_____

_____

Tip 사람들은 하나님보다 인간의 경험과 전문성에 더 의지합니다. 하나님의 말씀은 인간의 전문성을 초월합니다. 천지를 창조하시고 주장하시는 분은 하나님이십니다. 미래의 일은 오직 주님만이 아십니다. 그것이 주님을 더 신뢰해야 하는 이유입니다.

말씀의
실천

1. 오늘 깨달음과 도전을 주는 말씀은 무엇입니까?

_____

_____

2. 오늘 말씀을 통해 이번 주에 실천해야 할 사항은 무엇인지 삶의 적용을 위한 구체적인 실천계획과 함께 말해 보십시오.

_____

_____

3. 오늘 말씀을 통해 발견한 기도제목은 무엇입니까? 아울러 함께 기도의 시간을 가지십시오.

_____

_____

 내가 깨달은 영적 교훈과 삶의 적용

폭풍과 파산에서 구원 받는 사람들

| 성경 본문 | 사도행전 27:15~44

배에 탄 모든 사람들이 풍랑을 만나 14일 동안이나 폭풍에 시달려 거의 죽게 된 상황에 이르렀습니다. 그때 바울이 하나님의 계시를 받아 선원들을 격려합니다. 결국 하나님의 도움을 받은 바울로 인하여 모든 사람이 구원을 받게 됩니다. 바울은 죄수의 신분을 떠나 구원 작업에 총지휘자가 됩니다. 그는 도망치려는 사공들을 만류하고 모두 권하여 먹게 하면서 반드시 살아난다는 희망을 불어넣어 줍니다. 바울의 이런 노력으로 276명이나 되는 사람이 무사히 육지에 상륙하여 구원을 받게 됩니다. 죄수 바울로 인하여 모든 사람이 구원 받게 되는 놀라운 역사를 모두가 경험하면서 죄인 바울의 위상이 올라가는 역설적인 장면을 보게 됩니다.

1. 폭풍을 만난 배는 어떤 상태가 되었습니까?(15)

_____

_____

2. 이들은 절망적인 상황을 해결하기 위하여 어떻게 했습니까?(16~19)

_____

_____

3. 상황이 나아지기는커녕 더 어렵게 되었는데, 어떤 상황이 되었는지 말해 보십시오.(20)

_____

_____

4. 거의 살아날 가망이 없게 되었을 때 바울이 나타나서 어떤 말을 했습니까?(21~22)

_____

_____

5. 바울은 누구에게 어떤 희망의 메시지를 받았습니까?(23~26)

_____

_____

6. 14일이 지난 후에 아드리아 바다에 이르렀을 때 어떤 일이 일어났습니까?(27~32)

_____

_____

7. 바울은 마음을 졸이며 배를 주린 사람들에게 어떻게 용기와 희망을 주었습니까?(33~38)

_____

_____

8. 날이 새어 배가 알지 못하는 해변에 들어가다가 모래톱에 걸려 오도 가도 못하자 병사들은 어떤 계획을 세웠습니까?(39~42)

_____

_____

9. 위기에 닥친 바울을 누가 구원했습니까? 아울러 사람들은 어떻게 구출되었습니까?(43~44)

_____

_____

말씀의
깨달음

1. 배 안의 사람들이 절망적인 상황에 처하고 오래 먹지 못하는 처지가 되었을 때 바울이 나타나서 구원의 메시지를 전했는데, 구원과 고난의 관계와 이것이 주는 영적 의미를 말해 보십시오.

Tip 사람은 악하기 때문에 언제나 고난의 바닥을 경험할 때 하나님을 의지하게 됩니다. 고난은 자기를 의지하는 것을 무력하게 만듭니다. 고난은 하나님에게로 나가게 하기 위한 안내자입니다. 이런 면에서 고난당함이 유익입니다.

2. 하나님께서 바울뿐 아니라 그와 함께한 사람도 구원하신 이유는 무엇이며, 이것을 통한 하나님의 사랑을 말해 보십시오.(예, 의인 10명과 소돔과 고모라, 모세의 중보기도와 이스라엘 백성)

Tip 의인과 함께 있으면 함께 복을 받습니다. 요셉으로 인하여 보디발의 집과 애굽이 복을 받았던 것처럼 그리스도인으로 인하여 세상이 복을 받습니다. 하나님의 관심은 언제나 하나님의 자녀에게 있습니다. 하나님의 자녀가 나라와 민족의 운명을 결정합니다.

3. 백부장이 죽을 위험에 처한 바울을 구했습니다. 이방인을 사용하시는 하나님의 구원 역사를 말해 보십시오.(예, 바벨론 포로된 이스라엘 백성에게 반포된 고레스 칙령)

Tip 바울이 죽을 위험에 처하지만 하나님은 백부장의 마음을 움직여 살게 합니다. 하나님은 하나님의 소명을 받은 사람을 그것을 이루기까지 지켜주십니다. 그리스도인은 어떤 경우에도 포기하거나 절망하면 안 됩니다.

말씀의
실천

1. 오늘 깨달음과 도전을 주는 말씀은 무엇입니까?

_____

_____

2. 오늘 말씀을 통해 이번 주에 실천해야 할 사항은 무엇인지 삶의 적용을 위한 구체적인 실천계획과 함께 말해 보십시오.

_____

_____

3. 오늘 말씀을 통해 발견한 기도제목은 무엇입니까? 아울러 함께 기도의 시간을 가지십시오.

_____

_____

 내가 깨달은 영적 교훈과 삶의 적용

_____

_____

_____

_____

SCENE 18
멜리데 섬에서의 치유사역

| 성경 본문 | 사도행전 28:1~10

로마로 호송되는 도중 배가 난파되어 결국 멜리데 섬에 표류하게 되고, 여기서 3개월을 보내게 됩니다. 이 섬에서 바울은 독사에게 물렸으나 해를 당하지 않게 되면서 바울을 하나님이 보호하신다는 것을 입증하게 됩니다. 바울은 섬 지도자인 보블리오의 아버지와 많은 원주민의 병을 고쳐주는 기적을 행하면서 그곳에서도 복음 사역을 합니다. 이것은 로마 전도의 전초 작업으로 어느 것 하나 우연이 아닌 하나님의 섭리였음을 보여주는 것이라 할 수 있습니다. 바울은 상황에 상관없이 언제 어디서나 복음을 전하는 사명을 감당하는 진정한 전도자였습니다.

말씀의
살핌

1. 바울 일행은 어느 섬에서 구원을 얻었습니까?(1)

_____

_____

2. 섬에 있는 토인들은 바울 일행에게 어떤 친절을 베풀었습니까?(2)

_____

_____

3. 바울이 독사에 물린 것을 보고 토인들은 어떤 말을 했습니까?(3~4)

_____

_____

4. 독사에게 물린 바울은 어떻게 되었으며, 그것에 대해 토인들은 어떤 반응을 나타냈습니까?(5~6)

_____

_____

5. 추장 보블리오가 바울 일행을 어떻게 대했습니까? 또 그 집안에 어떤 문제가 발생했습니까?(7~8)

_____

_____

6. 바울은 보블리오의 부친을 어떻게 낫게 해주었습니까?(8)

_____

_____

7. 이 일로 인해 그 섬에는 어떤 일이 일어났습니까?(9)

_____

_____

8. 바울과 일행은 멜리데 섬을 떠날 때 어떤 환대를 받았습니까?(10)

_____

_____

1. 구원의 가망이 없을 때 바울 일행이 멜리데 섬에 극적으로 이른 것은 전적으로 하나님께서 준비하셨기 때문입니다. 오늘 우리는 하나님의 구원에 대해서 어떤 영적 시야를 가져야 합니까?

_____

Tip 구원은 인간이 자신을 포기할 때 일어납니다. 자기가 할 수 있다고 믿는 한 구원은 일어나지 않습니다.

2. 바울의 두 가지 치유 사건은 멜리데 섬에서 바울이 어떤 위치에 있는지 말해주고 있습니다. 비록 바울이 죄수의 몸이지만 멜리데 섬에서는 지도자 역할을 합니다. 바울이 멜리데 섬에 석 달 동안 머문 이유는 무엇입니까? 아울러 세상 속에서 그리스도인의 위치는 무엇입니까?

Tip 멜리데에서 바울의 치유사건을 통하여 바울에게 주도권이 돌아갑니다. 멜리데 섬에서 뿐만 아니라 로마 사람들에게서도 바울은 높이 세움을 받습니다. 그리스도인은 세상에서 리더입니다.

3. 치유 받은 사람이 진정한 치유자로 나설 수 있습니다. 우리를 상처 입게 한 것은 상처 입은 치유자로 살게 하기 위해서입니다. 어떤 점에서 이것들을 우리에게 적용할 수 있습니까?

Tip 상처를 입은 바울이 결국 상처를 치유하는 사람이 됩니다. 핍박한 바울이 핍박을 당합니다. 지금 당하는 어려움과 이해하지 못하는 일은 나중에 복음을 위해 사용되는 놀라운 준비도구입니다.

4. 믿음의 치유사건은 복음 전파와 어떤 관계가 있습니까?(참고, 막 16:15~18)

Tip 치유는 복음이 나타나는 모습 중 하나입니다. 복음은 살아 있는 능력입니다. 단순한 병 고침보다는 복음의 능력을 발견하는 것이 더 중요합니다.

말씀의 실천

1. 오늘 깨달음과 도전을 주는 말씀은 무엇입니까?

_____

_____

2. 오늘 말씀을 통해 이번 주에 실천해야 할 사항은 무엇인지 삶의 적용을 위한 구체적인 실천계획과 함께 말해 보십시오.

_____

_____

3. 오늘 말씀을 통해 발견한 기도제목은 무엇입니까? 아울러 함께 기도의 시간을 가지십시오.

_____

_____

 내가 깨달은 영적 교훈과 삶의 적용

_____

_____

_____

_____

로마에 도착한 바울

| 성경 본문 | 사도행전 28:11~31

멜리데 섬에서 3개월을 체류한 후에 바울 일행은 다시 알렉산드리아 배로 출범하여 시실리아를 거쳐 레기온, 보디올, 압비오, 삼관 등을 경유하여 로마에 도착합니다. 마지막 선교 여행지인 로마에 도착하여 그곳에서 형제들의 환영을 받습니다. 당시의 세상 끝과 같은 로마에서 바울은 생활합니다. 로마에서 바울은 유대인들을 초청하여 자신의 결박당함이 이스라엘의 종교를 불신했기 때문이 아니라 오히려 복음에 충실하고 그 천국의 소망 때문임을 말합니다. 저자 누가는 2년간의 바울의 로마 생활을 간략하게 전한 후 미완성의 상태로 마무리합니다. 바울은 몇 년 후에 교회의 핍박이 심해지자 다시 투옥되고(A.D 66년) 그 이듬에 순교했다고 전해집니다.

말씀의
살핌

1. 바울이 멜리데 섬을 떠나 어떻게 이동했는지 그 여정을 말해 보십시오. (11~14)

_____

_____

2. 바울은 로마에 도착하여 어떤 은혜를 받았습니까?(15)

_____

_____

3. 로마에 들어간 바울은 그곳 사람들로부터 어떤 특별한 배려를 받았습니까?(16)

_____

_____

4. 로마에서 사람들에게 전한 바울의 메시지를 정리해 보십시오. (17~20)

_____

_____

_____

5. 바울의 말을 들은 로마 사람들은 어떤 반응을 나타냈습니까?(21~22)

_____

_____

6. 바울은 자기의 꿈대로 로마에서 변증할 기회를 얻어서 복음을 전했는데, 그 결과는 어떠했습니까?(23~24)

_____

_____

7. 복음을 받아들이지 않는 경우를 보고 바울이 구약성경에서 무엇을 인용했습니까? 그리고 바울이 무슨 메시지를 전했습니까?(25~29)

_____

_____

8. 바울은 2년 동안 셋집에 유하면서 무엇을 했습니까?(30~31)

_____

_____

말씀의
깨달음

1. 오랜 고난을 통과하여 로마에 도착한 바울의 마음은 어떠했을까요? 그를 맞이한 형제들의 이야기를 통해 느낀 영적 교훈은 무엇입니까?

_____

Tip 편지로만 서로 대했던 로마 형제들을 만나는 바울과 로마 교인들의 마음은 감격스러웠을 것입니다. 영적으로 교제하고 있는 사람은 처음 만나도 오래 만난 형제처럼 친근합니다.

2. 바울은 로마에서 복음을 전할 기회를 얻었는데, 그때 바울의 기분은 어떠했을까요? 바울의 메시지를 듣고 로마 사람들은 두 가지 반응을 나타냈는데, 이 사실은 복음 전파와 관련하여 어떤 교훈을 주는지 말해 보십시오.

_____

_____

Tip 바울은 어디를 가나 복음 전하는 일을 했습니다. 그리스도인의 일은 오직 하나, 즉 나의 일을 통하여 그리스도의 복음이 드러나는 것입니다. 이것이 그리스도인의 정체성입니다.

3. 바울은 약간 자유로운 형태의 감옥에서 2년 동안 갇혀 옥중서신(에베소서 · 빌립보서 · 골로새서 · 빌레몬서)을 기록했고, 그 안에서도 사람들을 만나 하나님 나라의 복음을 전했습니다. 바울의 몸은 비록 갇혔으나 마음은 자유로웠으며 감옥에 매인 것이 아니라 그리스도에 매인 종이었습니다. 이것을 통해 도전받는 복음 전도자의 모습과 비전을 말해 보십시오.

_____

_____

Tip 바울은 그리스도의 종이었습니다. 언제나 하나님께 매인 바 되면서 그 말씀에 순종하며 살았습니다. 비록 감옥에 갇혀 있지만 그것이 그에게 걸림돌이 되지 않았습니다. 그리스도인은 말씀에 매인 사람입니다. 말씀에 매인 사람은 모든 것에서 자유롭습니다. 어느 것으로도 복음 전하는 것을 금지할 수 없습니다.

말씀의
실천

1. 오늘 깨달음과 도전을 주는 말씀은 무엇입니까?

_____

_____

2. 오늘 말씀을 통해 이번 주에 실천해야 할 사항은 무엇인지 삶의 적용
을 위한 구체적인 실천계획과 함께 말해 보십시오.

_____

_____

3. 오늘 말씀을 통해 발견한 기도제목은 무엇입니까? 아울러 함께 기도
의 시간을 가지십시오.

_____

_____

 내가 깨달은 영적 교훈과 삶의 적용

저자 이대희 목사

장로회 신학대학교 신학대학원(M.Div)과 연세대학교 연합신학대학원(Th.M)을 졸업하고 현재 에스라성경대학원대학교 성경학박사(D.Liit) 과정 중이다.
예장총회교육자원부 연구원과 서울장신대학교 신학과 교수를 역임하고 서울 극동방송에서 "알기쉬운성경공부" "기독교 이해" 등 프로그램을 진행했다. 지난 20여 년 동안 성서사람·성서한국·성서교회·성서나라의 모토를 가지고 한국적 성경교육과 실천사역을 위해 집필과 세미나와 강의사역을 하고 있다. 현재 바이블미션(www.bible91.org) 대표, 꿈을주는교회 담임목사, 독수리기독중고등학교 성경교사, 강남성서신학원 외래교수, 서울장신대 겸임교수로 사역 중이다.
저서로 《30분성경공부시리즈》《투데이성경공부시리즈》《아름다운 십대성경공부시리즈》《이야기대화식성경연구》《성경통독을 위한 11가지 리딩포인트》《심방설교 이렇게 준비하라》《예수님은 어떻게 교육했을까?》《1% 가능성을 희망으로 바꾼 사람들》《자녀를 거인으로 우뚝 세우는 침상기도》《하룻밤에 배우는 쉬운 기도》《하나님 이것이 궁금해요》《크리스천이 꼭 알아야 할 100문 100답》등 100여 권이 있다.

사도행전3

초판 1쇄 인쇄일 | 2007년 12월 30일
초판 2쇄 발행일 | 2011년 4월 11일

지은이 | 이대희
펴낸이 | 김학룡
펴낸곳 | 엔크리스토
마케팅 | 김민회, 이동석
관리부 | 임월규, 최경진, 이진규, 김선하, 신동열

출판등록 | 2004년 12월 8일
주   소 | 경기도 고양시 일산동구 장항동 585-2
전   화 | (031) 906-9191
팩   스 | (031) 906-9195
이 메 일 | 9191@korea.com
공 급 처 | 기독교출판유통 (031) 906-9191 팩스(031) 906-9195

ISBN 978-89-92027-31-1 04230
     89-89437-85-7 (세트)

값 3,000원

● 잘못된 책은 바꾸어 드립니다.
● 이 교재의 사용 방법, 내용, 훈련, 세미나에 대한 문의는 바이블미션(02-403-0196)으로 해주시면 최선을 다해 도와드리겠습니다.

책별 성경연구 시리즈는

▶ 본문을 중심으로 한 귀납적 이야기대화식 성경 공부입니다.

▶ 상황에 따라 다양하게(구역, 가정, 직장, 소그룹, 제자훈련, 캠퍼스, 경건회 및 기도회, 오후예배, 셀그룹, 교회학교 분반학습 등) 적용할 수 있습니다.

▶ 중고등부, 청년대학부, 장년부가 전천후로 모두 사용할 수 있습니다.

▶ 관심 있는 주제를 중심으로 핵심교리와 실제 생활을 조화롭게 구성했습니다.

▶ 4차원의 영성(하나님, 자신, 이웃, 자연)이 총체적으로 연결되어 있으므로 전체적인 신앙의 과정을 한눈으로 균형있게 이해하며 적용하는 데 도움을 줍니다.

▶ 스스로 말씀을 찾아 깊이 생각하고 각자 삶에 적용하게 하면서 말씀의 진미를 체험하여 놀라운 삶의 변화를 이루게 합니다.

▶ 15년여 동안 꾸준히 사랑을 받아 온 한국 교회의 현장에서 검증된 교재입니다.

교재의 사용방법 · 내용 · 지도자 훈련 · 세미나에 대한 문의는

바이블미션

(02-403-0196, 016-731-9078, www.bible91.org)으로 해 주십시오.

교재의 출판과 공급에 대한 것은 엔크리스토

(031-907-0696)로 문의해 주십시오.

기독교 서점 공급처는 비전북(031-907-3927)입니다.

특 징

성경 66권을 쉽고 재미있게, 깊이 있게 배우면서 한국적 토양에 맞는 현장과 삶에 적용하는 한국적 성경전문학교

모집과정(반별로 2시간씩이며 선택 수강 가능)

● 성경주제반: 성경의 중요한 핵심 120개의 주제를 소그룹의 토의와 질문을 통하여 배운다.(투데이성경공부/30분성경공부)
● 성경개관반: 66권의 성경 전체의 맥과 흐름을 일관성 있게 잡아준다.(잘 정리된 그림과 도표와 본문 사용)
● 성경책별반: 66권의 책을 구약과 신약 한 권씩 선정하여 워크숍 중심으로 학기마다 연구한다.(3년 과정)

모집대상

목회자반/ 신학생반/ 평신도반(교사, 부모, 소그룹 양육리더, 구역장, 중직)

시 간

월~목요일(오전 10시 30분~오후 5시 30분/ 개관반 · 책별반 · 주제반)

수업학제

겨울학기 : 12~2월 | 봄학기 : 3~6월 | 여름학기 : 7~8월 | 가을학기 9~11월
(자세한 내용은 홈페이지 참조 요망. 학기마다 사정에 따라 일자가 변경될 수 있음)

수업의 특징

● 이야기대화식 성경연구방법으로 12주(3개월 과정) 진행
● 전달이나 주입식이 아닌 성경 보는 눈을 열어주고 경험하게 하면서 성경의 보화를 스스로 캐는 능력을 터득하게 하는 방법을 지향하며 소그룹 워크숍 형태로 진행

강사 : 이대희 목사와 현직 성서학 교수와 현장 성경전문 강사

장소 : 바이블미션
　　　서울시 송파구 가락동 96-5(지하철 8호선 가락시장역)

신청 : 개강 1주일 전까지 선착순 접수(담당 : 채금령 연구간사)

문의 : 바이블미션–엔크리스토 성경대학(016-731-9078, 02-403-0196)
　　　(홈페이지 www.bible91.org)

엔크리스토 성경 공부 양육 과정

투데이 성경공부

평생 성경공부할 수 있도록 구성한 시리즈. 주제별로 구성되어 있어 각 교회의 상황에 맞게 커리큘럼을 재구성하여 사용할 수 있다.

101 신앙기초(전 9권 완간) | 201 예수제자(전 9권 완간) | 301 새생활(전 12권 완간)
601 성경개관(전 10권 완간) | 401 · 501 · 701 발간 예정

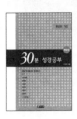

30분 성경공부

신앙생활의 기초를 다루었으며 신앙의 전체 그림을 그릴 수 있는 2년 과정의 소그룹 성경교재. 성경공부를 시작할 때 사용하면 효과적이다.

믿음편 | 기초 · 성숙 생활편 | 개인 · 영성 · 교회 · 가정 · 이웃 · 일터 · 사회 · 세계
성경탐구편 | 창조시대 · 족장시대 · 출애굽시대 · 광야시대 · 정복시대/사사시대 · 통일왕국시대 · 분열왕국시대 · 포로시대/포로귀환시대 · 복음서시대1 · 복음서시대2 · 초대교회시대 · 서신서시대

아름다운 십대 성경공부

십대들이 꼭 알아야 할 성경의 핵심내용과 기독교적 가치관, 세계관을 정립하는 데 필요한 핵심주제를 담고 있으며, 3년 과정으로 구성되었다.

101 자기정체성 · 복음만남 · 신앙생활 · 멋진 사춘기 · 예수의 사람(전 5권)
201 가치관 · 믿음뼈대 · 십대생활 · 유혹탈출 · 하나님의 사랑(전 5권)
301 비전과 진로 · 신앙원리 · 생활열매 · 인생수업 · 성령의 사람(전 5권)

책별 성경공부

성경 전체 66권을 각 권별로 자유롭게 선택하여 사용할 수 있는 성경공부. 성경 전체를 체계적으로 연구할 수 있다.

창세기1 · 2 · 3 · 4, 느헤미야, 요한복음1 · 2, 로마서, 에스더, 다니엘, 사도행전1 · 2 · 3 (계속 발간됩니다)

＊지도자를 위한 지침서

- 이야기대화식 성경연구 | 이대희 지음 | 10,000원
- 인도자 지침서(십대 성경공부101시리즈) | 이대희 지음 | 10,000원
- 인도자 지침서(십대 성경공부201시리즈) | 이대희 지음 | 10,000원

이대희 지음/바이블미션 편